中国社会科学院国情调研特大项目"精准扶贫精准脱贫百村调研"

精准扶贫精准脱贫百村调研丛书
CASE STUDIES OF TARGETED POVERTY REDUCTION AND
ALLEVIATION IN 100 VILLAGES

李培林／主编

精准扶贫精准脱贫
百村调研·文池村卷

农村金融精准扶贫

陈 方／著

社会科学文献出版社
SOCIAL SCIENCES ACADEMIC PRESS (CHINA)

"精准扶贫精准脱贫百村调研丛书"
编 委 会

主　编：李培林

副主编：马　援　魏后凯　陈光金

成　员：（按姓氏笔画排序）

　　　　王子豪　王延中　李　平　张　平　张　翼

　　　　张车伟　荆林波　谢寿光　潘家华

中国社会科学院国情调研特大项目
"精准扶贫精准脱贫百村调研"
项目协调办公室

主 任：王子豪
成 员：檀学文 刁鹏飞 闫 珺 田 甜 曲海燕

总　序

调查研究是党的优良传统和作风。在党中央领导下，中国社会科学院一贯秉持理论联系实际的学风，并具有开展国情调研的深厚传统。1988年，中国社会科学院与全国社会科学界一起开展了百县市经济社会调查，并被列为"七五"和"八五"国家哲学社会科学重点课题，出版了《中国国情丛书——百县市经济社会调查》。1998年，国情调研视野从中观走向微观，由国家社科基金批准百村经济社会调查"九五"重点项目，出版了《中国国情丛书——百村经济社会调查》。2006年，中国社会科学院全面启动国情调研工作，先后组织实施了1000余项国情调研项目，与地方合作设立院级国情调研基地12个、所级国情调研基地59个。国情调研很好地践行了理论联系实际、实践是检验真理的唯一标准的马克思主义认识论和学风，为发挥中国社会科学院思想库和智囊团作用做出了重要贡献。

党的十八大以来，在全面建成小康社会目标指引下，中央提出了到2020年实现我国现行标准下农村贫困人口脱贫、贫困县全部"摘帽"、解决区域性整体贫困的脱贫攻坚目标。中国的减贫成就举世瞩目，如此宏大的脱贫目标世所罕见。到2020年实现全面精准脱贫是党的十九大提出的三大攻坚战之一，是重大的社会目标和政治任务，中国的贫困地区在此期间也将发生翻天覆地的变化，而变化的过程注定不会一帆风顺或云淡风轻。记录这个伟大的过程，总结解决这个世界性难题的经验，为完成这个攻坚战献计献策，是社会科学工作者应有的责任担当。

2016年，中国社会科学院根据中央做出的"打赢脱贫攻坚战"战略部署，决定设立"精准扶贫精准脱贫百村调研"国情调研特大项目，集中优势人力、物力，以精准扶贫为主题，集中两年时间，开展贫困村百村调研。"精准扶贫精准脱贫百村调研"是中国社会科学院国情调研重大工程，有统一的样本村选择标准和广泛的地域分布，有明确的调研目标和统一的调研进度安排。调研的104个样本村，西部、中部和东部地区的比例分别为57%、27%和16%，对民族地区、边境地区、片区、深度贫困地区都有专门的考虑，有望对全国贫困村有基本的代表性，对当前中国农村贫困状况和减贫、发展状况有一个横断面式的全景展示。

在以习近平同志为核心的党中央坚强领导下，党的十八大以来的中国特色社会主义实践引导中国进入中国特色社会主义新时代，我国经济社会格局正在发生深刻变化，脱贫攻坚行动顺利推进，每年实现贫困人口脱贫1000多万人，贫困人口从2012年的9899万人减少到2017年的3046万人，在较短时间内实现了贫困村面貌的巨大改观。中国社会科学院组建了一百支调研团队，动员了不少于500名科研人员的调研队伍，付出了不少于3000个工作日，用脚步、笔尖和镜头记录了百余个贫困村在近年来发生的巨大变化。

根据规划，每个贫困村子课题组不仅要为总课题组提供数据，还要撰写和出版村庄调研报告，这就是呈现在读者面前的"精准扶贫精准脱贫百村调研丛书"。为了达到了解国情的基本目的，总课题组拟定了调研提纲和问卷，要求各村调研都要执行基本的"规定动作"和因村而异的"自选动作",了解和写出每个村的特色,写出脱贫路上的风采以及荆棘!对每部报告我们都组织了专家评审,由作者根据修改意见进行修改,直到达到出版要求。我们希望,这套丛书的出版能为脱贫攻坚大业写下浓重的一笔。

中共十九大的胜利召开,确立习近平新时代中国特色社会主义思想作为各项工作的指导思想,宣告中国特色社会主义进入新时代,中央做出了社会主要矛盾转化的重大判断。从现在起到2020年,既是全面建成小康社会的决胜期,也是迈向第二个百年奋斗目标的历史交会期。在此期间,国家强调坚决打好防范化解重大风险、精准脱贫、污染防治三大攻坚战。2018年春节前夕,习近平总书记到深度贫困的四川凉山地区考察,就打好精准脱贫攻坚战提出八条要求,并通过脱贫攻坚三年行动计划加以推进。与此同时,为应对我国乡村发展不平衡不充分尤其突出的问题,国家适时启动了乡村振兴战略,要求到2020年乡村振兴取得重要进展,做好实施乡村振兴战略与打好精准脱贫攻坚战的有机衔接。通过调研,我们也发现,很多地方已经在实际工作中将脱贫攻坚与美丽乡村建设、城乡发展一体化结合在一起开展。可以预见，贫困地区的脱贫攻坚将不再只局限于贫困户脱贫，我们有充分的信心从贫困村发展看到乡村振兴的曙光和未来。

是为序！

全国人民代表大会社会建设委员会副主任委员

中国社会科学院副院长、学部委员

2018 年 10 月

前　言

新形势下，我国扶贫开发总体上已经从以解决温饱为主要任务的阶段转入巩固温饱成果、加快脱贫致富、改善生态环境、提高发展能力、缩小发展差距的新阶段。从扶贫任务看，从消除绝对贫困转为减少相对贫困，扶贫难度进一步加大。实施金融精准扶贫是打赢脱贫攻坚战和发展普惠金融的客观要求，也是我国立足精准扶贫发展普惠金融的重要形式。

甘肃陇南徽县文池村在扶贫资金管理方式上，探索出一套自己的模式。2005年，该村被地方政府列为世行项目贷款村，同时也是徽县政府确定的"扶贫工作整村推进"与"世行项目终评验收相结合"示范村。由于取得明显成绩，2007年，文池村的探索被公认为是扶贫资金管理方式的改革与创新，被称为"文池模式"。为深入了解文池村金融扶贫的运作模式、主要做法以及实际成效，2017年，研究团队赴陇南市金融办和扶贫办进行座谈考察，并赴文池村开展入户访谈。

基于文献阅读与实地调研，本研究总结了文池村金融扶贫模式的几个特点。第一，充分的市场竞争是提高小额信贷瞄准精度的前提保障。小额信贷的瞄准精度取决于信贷机构的数量，竞争促使机构加快金融创新。在我国，促进机构间竞争，首先要放宽市场准入。过于严格的市场准入机制增加了小额信贷机构的成本，不利于我国小额信贷初级阶段机构数量和规模的增加和扩张。第二，机构间的有效沟通与合作是提高覆盖深度的有效手段。调研中发现，2015~2016年两年内，文池村互助资金项目运作过程中，把一部分自身无法经营的业务客户（如申请金额较大、风险较高的客户）介绍给了信用社，实现了帕累托改进。这样的客户两年内合计约30户，其中80%以上在互助资金的推荐下从信用社获得了贷款。因此，一方面，要从机构本身和政府等各个方面积极促进机构间，特别是同一地区小额信贷机构间的信息交流与合作。另一方面，各机构要建立良好的客户反馈机制，让农户可以随时向机构传达自己对产品和服务的意见和建议，包括对产品、服务质量、培训等多方面的反馈；同时，机构可以根据反馈信息和现实条件，及时进行调整与完善，实现小额信贷机构自下而上的管理方式。第三，灵活的利率是机构间技术传递的基础。第四，制度、产品和人力资源的本土化是机构降低风险、提高效率的有效途径，包括制度的本土化、物的本土化以及人的本土化。第五，有效的激励制度有利于农户获得贷款。文池村扶贫互助资金协会的资金占用费管理模式给我国农村资金互助社的发展提供了一些启示，即有效的激励制度有利于农户获得贷款。文池村扶贫互助资金协会的资金占用费部分地用于村内公益事业、管理办公经费、协会日常管理成本、信贷员开展业务发生的误工补贴，这对项目具体执行者来说，不仅没有形成额外工作负担，还能获取一定的误工补贴，形成了有效激励，促使项目的执行者有动力开展贷款业务。

最后，本研究提出了三个方面的建议。一是建立竞争性、多元化、多层次的农村金融体系。包括建立法律框架并用法律规范金融管理，发展农村合作金融、农村商业金融以及民间金融，重新定位政策性金融服务，建设全口径征信系统，培育农村金融家。二是以稳健的方式建设农村金融体系。积极发展农民金融互助组织，在具备条件的地方发展社区银行，暂不具备条件的地方发展小额信贷组织和基于中介组织的农户与金融机构的合作。三是建立基于互联网的农村金融体系。互联网金融与实体金融结合，可以为"三农"提供更好的金融服务。应尽快制定互联网金融相关的法律法规，整合小贷公司、村镇银行和农村信用社等面向农村提供金融服务的金融机构和面向农村的电商平台等各种资源，在信贷、税收、土地使用和人才安置等政策上，向互联网金融倾斜，鼓励互联网金融不断进行体制创新、组织创新和产品创新，使其在不断创新的基础上实现可持续发展。

目 录

// 001　第一章　农村金融精准扶贫的背景

　　/ 005　第一节　金融支持对精准扶贫的作用和意义

　　/ 008　第二节　陇南金融精准扶贫政策及发展现状

　　/ 014　第三节　金融精准扶贫的理论背景：小额信贷

　　　　　　　　　 瞄不准问题

// 027　第二章　文池村村情

　　/ 031　第一节　文池村收入和支出结构

　　/ 034　第二节　文池村农户资产状况：家庭土地经营

　　　　　　　　　 规模和住房

　　/ 036　第三节　文池村农户对生活的自我评价

　　/ 038　第四节　文池村农户家庭负债情况及贷款意愿

// 043　第三章　文池村金融扶贫运作模式

　　/ 046　第一节　文池村扶贫互助资金协会

　　/ 052　第二节　国家开发银行合作金融支持产业扶贫项目

　　/ 057　第三节　双联农户贷

　　/ 059　第四节　妇女小额贷款

　　/ 063　第五节　精准扶贫专项贷款

// 067　第四章　文池村金融扶贫效果

　　/ 069　第一节　农户家庭增收效果

　　/ 073　第二节　生产和消费结构改善效果

　　/ 074　第三节　农户人力资本水平提高效果

　　/ 083　第四节　农户社会地位提升和妇女赋权效果

// 089　第五章　农户金融需求的影响因素分析

　　/ 091　第一节　分析方法、数据与变量

　　/ 096　第二节　估计结果及讨论

　　/ 101　第三节　结论

// 105　第六章　"文池模式"经验总结和政策建议

　　/ 107　第一节　"文池模式"经验总结

　　/ 117　第二节　政策建议

// 125　参考文献

// 131　后　记

第一章

农村金融精准扶贫的背景

第一节　金融支持对精准扶贫的作用和意义

金融支持是精准扶贫重要的保障措施。中央出台的《关于打赢脱贫攻坚战的决定》，明确提出将"加大金融扶贫力度"作为一项重要保障措施纳入脱贫攻坚支撑体系。为了贯彻中央精神，中国人民银行会同相关部门分级召开了金融助推脱贫攻坚专题会议，印发了《关于金融助推脱贫攻坚的实施意见》，号召金融系统认真贯彻落实中央的决策部署，将扶贫开发作为一项重要的政治任务，创新工作机制，优化资源配置，切实加大对贫困地区经济社会发展的支持力度，努力提高金融扶贫的广度、深度和精准度，为打赢脱贫攻坚战提供强有力的金融保障。

金融支持是精准扶贫重要的资金来源。尽管中央和省里对贫困地区的财政扶贫资金投入力度逐年加大，但仅靠有限的财政资金难以满足快速增长的扶贫攻坚资金需求，这就需要我们放宽视野，整合资源，进一步拓展和扩大金融渠道的资金来源，特别是要打好金融扶贫这张牌，通过金融资源的合理有效配置，引导各类资金向贫困地区流动聚集。

金融支持是精准扶贫重要的动力引擎。有学者指出，小额信贷[①]就是迄今找到的能够保障贫困农户获得信贷这一基本人权的最基本选择，[②]小额信贷有助于改善穷人获得资金财产的能力与机会，[③]它是反贫困的一个有力工具，当穷人使用金融服务时，他们能够提高收入，积累资产，并减轻外部冲击。小额信

---

① 由于农户是主要的需求者，小额信贷通常指农村或农户小额信贷。
② 熊惠平：《"穷人经济学"的信贷权解读——小额信贷"瞄而不准"的现实考量》，《商业研究》2007年第8期。
③ 吴国宝：《扶贫模式研究：中国小额信贷扶贫研究》，中国经济出版社，2001。

贷能使贫困家庭不再着眼于每天的生计，而是筹划未来，如改善营养、居住条件、健康和教育。[①] 小额信贷是为贫困和低收入人口以及微型企业创业者提供的金融服务。它既是一种非常有效的扶贫方式，又是一种金融创新，是以市场经济的方式减缓贫困的有益尝试。"微型企业金融""小额贷款""村银行"都是指小额信贷。为推动小额信贷的发展，联合国将2005年确定为"国际小额信贷年"，其目的是通过推动小额信贷的发展，增进公众对作为均衡发展重要组成部分的小额信贷的认识和理解，促进能为所有人提供服务的金融部门的发展，为贫困和低收入人口提供可持续的金融服务；通过鼓励创新与合作，建立成功的小额信贷模式并扩大规模。

许多文献都强调了信贷在扶贫中日益增长的作用。[②] 政府权威部门也肯定了小额信贷机构对扶助贫

[①] CGAP, "Key Principles of Microfinance," *Consensus Guidelines* (2004a).

[②] S. Navajas, M. Schreiner, R. L. Meyer, C. Gonzalez-Vega, and J. Rodriguez-Meza, "Microcredit and the Poorest of the Poor: Theory and Evidence from Bolivia," *World Development* 28(2000): 333-346; Mokbul Morshed Ahmad, "Distant Voices: The Views of the Field Workers of NGOs in Bangladesh on Microcredit," *Geographical Journal* 169(2003): 65-74; J. Brau, and G. M. Woller, "Microfinance: A Comprehensive Review of the Existing Literature," *Journal of Entrepreneurial Finance and Business Ventures* 9(2004): 323-334.

困者和弱势群体的积极贡献。[1]有研究显示，只要信贷成为可能，这些工具和其他的扶贫工具可以帮助人们更好地改善家庭环境、管理企业、增加产量，并提高其收入。[2]还有研究显示，在信息足够对称的情况下，所有的结果都表明小额信贷在成员的收入、财产和生活的安定方面起到了非常重要的改善和提升功效。[3]小额信贷对那些善于利用扶贫项目更好地进行投资的人而言，效果则更明显。诺贝尔基金会表示小额信贷的目标人群（target population）已经向乞丐扩展，按照他们的能力制定每期还款金额和还款期，乞丐可以获得大约12美元的无息贷款。这种贷款使5000名乞丐脱离乞讨生活。Yunus认为，许多穷人就是因为参加了格莱珉银行小额信贷项目，成为其成

---

[1] Farhad Hossain, and Tonya Knight, *Financing the Poor: Can Microcredit Make a Difference? Empirical Observations from Bangladesh* (Social Science Electronic Publishing 3808, 2008), p.117.

[2] Marguerite Robinson, "The Microfinance Revolution: Sustainable Finance for the Poor," *General Information* 41(2003): 781–783.

[3] J. Robinson, "Children and Participatory Appraisals: Experiences from Vietnam," *Special Issue on Children's Participation* 25 (1996).

员，从而摆脱贫困的。① 在我国，尽管小额信贷项目实际瞄准的是中国贫困地区中等收入和中等以上收入的农户，但这些项目仍然对扶贫做出了积极贡献，因为中国贫困地区的中等收入和中等以上收入的农户仍可被视为贫困户，这些农户的收入低于全国平均水平。②

长期以来，扶贫工作"重资金投入、轻思想引导"，久而久之使贫困人口形成了"等、靠、要"的思想。精准扶贫具体到金融支持方面，就是要建立和完善市场化、可持续的信贷渠道，通过信贷资金的有偿使用、抵押担保方式的创新、征信知识的普及等金融手段，使金融扶贫从"输血"向"造血"转变、从"融资"向"融智"推进，引导贫困群众增强自我发展的动力和积极性，用自己的智慧和勤劳的双手改变贫困面貌。

---

① M. Yunus, "Towards Creating a Poverty-Free World IN Hossain," in F. Hossain, and Z. Rahman, eds., *Microfinance and Poverty: Contemporary Perspectives* (Finland: Department of Administrative Sciences, University of Tampere, 2001), pp.428-454.

② 程恩江、Abdullahi D. Ahmed：《信贷需求：小额信贷覆盖率的决定因素之一——来自中国北方四县调查的证据》，《经济学》（季刊）2008年第4期。

金融扶贫是扶贫工作的有机组成部分，因其参与主体之一为金融部门，对扶贫开发项目的可持续性、微利性有一定的内在要求，这也决定了金融扶贫既不是慈善救济，也不是纯粹的商业行为，而是在保持资金安全的前提下，通过信贷投放，启动示范和带动效应明显的扶贫项目，激发贫困人群的内生发展动力，从而实现可持续的脱贫和发展。因此，金融扶贫更要在"精准"上下功夫、"造血"上谋长远，更要扶到点上和根上。

第二节　陇南金融精准扶贫政策及发展现状

甘肃省地处西北内陆，是全国典型的贫困省份。截至2015年末，全省有贫困人口270万，其中陇南市贫困人口有50.88万。陇南市位于甘肃省东南部，地处秦巴山区，面积27923平方公里，2015年底陇南市总人口285.76万，其中农村人口212.8万，农村人口占比74%。陇南市经济总量小，发展基础薄弱，所辖8县1区均为国家级贫困县或省级贫困区，是甘肃省贫困人口最多、贫困程度最深、贫困面最大的市。2011年在国家新一轮扶贫开发启动后，陇南市8县1区整体纳入"秦巴山集中连片特殊困难地区区域发展与扶贫攻坚"扶持范围。到2020年要实现全面脱贫，任务十分艰巨。如何更好地发挥金融对扶贫开发的支撑保障作用，助推陇南与全国、全省同步全面建成小康社会，是金融工作的首要课题，也是陇南金融工作者最紧迫的任务。扶贫开发作为一项社会性工作，离不开现代金融的深度参与和鼎力支持，特别是对于陇南这样一个资金短缺、财力有限的贫困市，实施精准扶贫，实现全面脱贫，必须最大限度地搞活金融、运用好金融资源，充分发挥金融对精准扶贫的支撑保障作用。

近几年，特别是2013年，陇南市委三届七次全委（扩大）会议召开以来，陇南市各级党政高度重视金融工作，将"金融支撑"确定为全市"433"发展战略"三个集中突破"之一，作为破解资金短缺、加快扶贫攻坚、促进转型跨越、全面建成小康的重要抓手，并将其提到了前所未有的高度。2016年陇南市委三届十一次全委（扩大）会议将"433"发展战略进行了调整和完善（如图1-1所示）。

2013年	2016年
四个快速推进 （1）扶贫开发要快速推进，在合力攻坚上迈出新步伐。 （2）生态文明要快速推进，在绿色发展上走出新路子。 （3）产业培育要快速推进，在提质增效上彰显新优势。 （4）城乡一体要快速推进，在协调发展上构建新格局。	**四个快速推进** （1）脱贫攻坚要快速推进，在共享发展上迈出新步伐。 （2）生态文明要快速推进，在绿色发展上走出新路子。 （3）产业培育要快速推进，在创新发展上彰显新优势。 （4）城乡一体要快速推进，在协调发展上构建新格局。
三个着力夯实 （1）着力夯实硬件基础，优先加强基础设施建设。 （2）着力夯实民生基础，统筹发展社会各项事业。 （3）着力夯实管理基础，加快推进社会治理创新。	**三个着力夯实** （1）着力夯实硬件基础，优先发展基础设施。 （2）着力夯实民生基础，统筹发展社会事业。 （3）着力夯实执政基础，促进社会和谐稳定。
三个集中突破 （1）在发展电子商务上实现突破。 （2）在推进金融支撑上实现突破。 （3）在发展非公经济上实现突破。	**三个集中突破** （1）在电子商务上集中突破，拓宽"互联网+"应用领域。 （2）在金融支撑上集中突破，提升经济发展保障能力。 （3）在旅游开发上集中突破，引领非公经济快速发展。

图1-1 陇南市"433"发展战略

"433"发展战略指出，资金短缺一直是困扰陇南发展的不利因素，要加快发展就必须在金融支撑上实现突破。要以更加有力的措施加快金融改革，以金融业的适度超前发展助推全市转型跨越发展。一要发展普惠金融产品。加大政策扶持力度，把财政直补资金更多地转变为政策性贴息、担保资金和风险补偿基金，放大信贷总量，为中小企业和低收入人群提供良好的金融服务；加快土地承包经营权、宅基地使用权、林权等确权进度，探索符合农民群众实际的质押贷款品种，落实好惠农信贷政策，支持农村发展。二要完善金融服务体系。积极引进和发展村镇银行、小额贷款公司、典当行、融资性担保公司等新型金融主体，有序发展民间融资服务主体。通过政府参股、引进民资等形式组建注册资本规模在 5000 万元以上的融资性担保公司，帮助市内骨干企业上市直接融资。做大做强龙江城乡发展有限公司等现有政府融资平台，组建市旅游发展集团公司和市县区扶贫开发公司，破解政府投融资瓶颈。三要优化金融生态。各县区要尽快成立专门的金融管理机构，加强政府对金融工作的指导、协调和服务。深入推进"诚信陇南"建设，建立完善信用担保和风险补偿机制，加大金融知识宣传普及力度，提高贷款群众的风险意识和资金运作能力，让群众敢贷款、会贷款、用得好、还得上。

全市各级金融机构立足当地，顺势而为，以助推陇南实现同步小康为目标，在金融支持扶贫攻坚方面积极探索，主动发力，做了大量的工作，取得了显著成绩，突出地表现在以下四个方面。

一是政策体系不断完善。围绕实施《秦巴山片区区域发展与扶贫攻坚规划（2011—2020 年）》以及甘肃省"1236"扶贫攻坚行动，在政府层面出台了《关于金融支持陇南市加快经济社会发展的意见》《金融支持电子商务发展意见》等十多项金融支持扶贫攻坚的政策措施；中国人民银行联合市扶贫办、金融办、银监局等部门印发了《关于在全市金融系统开展"5+1"金融精准扶贫工程的意见》，积极开展金融扶贫示范县创建工作，开通了陇南金融精准扶贫微信公众号，实施了金融扶贫主办行制度，推动建立了政府主导、财政扶持、金融助力、全社会参与的扶贫工作总体框架；形成了"3+1"立体化金融支撑体系，即推进"三权"抵押贷款试点工作，解决"三农"融资问题；设立中小企业融资增信资金池，解决中小企业融资问题；打造政府投融资平台，解决重大项目融资问题；优化金融生态环境，夯实金融支撑的信用基础。

二是资金投入持续增加。中国人民银行通过向辖内9个贫困县区发放支农再贷款、调整金融机构存款准备金，为金融支持扶贫攻坚注入了源源不断的资金血液。各金融机构积极向上级行争取信贷投放规模，促进各项惠农信贷政策落地见效。据统计，2013~2015年全市新增贷款235亿元，年均增速保持在25%以上，2015年底存贷比较2013年初提高了14个百分点，达到了66.2%，创历史新高。截至

2015年底，全市累计发放"双联"惠农贷款、妇女小额担保贷款、草食畜牧业和设施蔬菜产业贴息贷款、中药材产业贴息贷款等各项惠农贷款33.4亿元，共发放精准扶贫专项贷款4.96万户23.3亿元。

三是普惠金融快速发展。全市各级金融机构以"金融生态建设深化年"活动和"金融扶贫攻坚行动"为契机，以普惠金融体系建设为突破口，通过完善金融基础设施，扩大服务半径，提高服务效率，将金融服务向贫困乡村延伸。截至2015年底，各类银行业金融机构在陇南设立营业网点437个，其中农村合作金融机构网点约300个，开通银行卡助农取款服务点2200余个，在农村地区布放ATM机、POS机7000余台，全市825个贫困村有了金融便民服务点，占贫困村总数的约60%。随着金融知识的普及、农村征信体系的逐步建立，以及网络支付、手机支付等新型支付方式的推广应用，更多的贫困人口以更加便捷的方式享受到账户开立、存取款、转账支付等基本金融服务，贫困地区金融服务的可获得性和便利性有了明显提高。

四是服务模式推陈出新。根据陇南9县区25个特困片区不同的地域特征、资源禀赋、发展现状，全市各金融机构因地制宜，制定了不同的信贷支持策略，大力推进农村金融产品和金融服务创新，努力满足扶贫攻坚金融需求。建设银行、邮储银行等国有商业银行结合实际，推出了"快贷""e路通""电商贷"等电商专属信贷产品，支持电商企业发展，助力陇南电商扶贫示范市建设。农村信用社研发推广"徽苗旺""金橄榄""金菌宝"等10多种专项信贷产品，为贫困地区发展农业特色产业提供特殊服务。甘肃银行创新抵押担保方式，通过林权证抵押、农户联保、协会基金担保等组合担保方式，植入借款人意外伤害保险，推出"椒贷易"花椒收购综合贷款，形成了"贷款+保险"的组合套餐。

第三节 金融精准扶贫的理论背景：小额信贷瞄不准问题

一 小额信贷瞄不准问题

扶贫资金尤其是贴息贷款和无偿援助在抵达

贫困农户之前就发生偏离,被乡村中的非穷人抢走,这是一个迄今为止仍未得到解决的世界性高难问题,被称为瞄不准现象或定律。①各种研究表明,小额信贷在瞄准最贫困者(the poorest)方面是无效的(ineffective)。Hossain 和 Knight 认为,如果这些脱贫者在脱贫后仍然从格莱珉银行获得贷款的话,格莱珉银行是否瞄准了所有穷人这一问题仍然存在。②Ahmad 的研究支持了这一观点,他认为即便小额信贷惠及了最贫困者,次贫困者(less poor)仍然比最贫困者(the poorest)从小额信贷中获益更多。③Hulme 和 Mosley 对 7 个国家 13 个小额信贷机构的研究表明,小额信贷对于经济水平在贫困线或以上的客户的平均收入的影响大于贫困线以下的;对于非常贫困的客户,相对于与他们的条件基本相似的对照组的农户,贷款的影响总体上还是正面的,不过这种影响力较小,有时甚至还是负

---

① 世界银行:《中国战胜农村贫困》,中国财政经济出版社,2001。

② Farhad Hossain, and Tonya Knight, *Financing the Poor: Can Microcredit Make a Difference? Empirical Observations from Bangladesh* (Social Science Electronic Publishing 3808, 2008), p. 117.

③ Mokbul Morshed Ahmad, "Distant Voices: The Views of the Field Workers of NGOs in Bangladesh on Microcredit," *Geographical Journal* 169(2003): 65-74.

面的，如造成了负债。[①]Navajas等对玻利维亚小额信贷机构的研究表明，小额信贷机构的客户的收入水平绝大多数是在贫困线附近，这些客户并不能代表最贫困人口。这表明了小额信贷在扶贫上所起的作用是有限的，它通常只能作用于某一层次的贫困者。[②]许多小额信贷机构排斥最贫困者，原因很简单，与不瞄准最贫困客户的机构相比，瞄准最贫困客户的机构的财务效果不够好，[③]在没有恰当的信贷产品和瞄准最贫困户的途径的情况下，即便是设计良好的小额信贷项目也不可能对最贫困户产生积极影响。

由于强调财务可持续和商业性，小额信贷已经出现了从瞄准最贫困者转向更偏爱较富裕群体的"使命漂移"（mission drift）。如果允许以效益最大化为

[①] David Hulme, and Paul Mosley, *Finance Against Poverty* (London: Routledge, 1996), pp.451-452.

[②] S. Navajas, M. Schreiner, R. L. Meyer, C. Gonzalez-Vega, and J. Rodriguez-Meza, "Microcredit and the Poorest of the Poor: Theory and Evidence from Bolivia," *World Development* 28(2000): 333-346.

[③] S. R. Khandker, *Fighting Poverty with Microcredit: Experience in Bangladesh* (New York: Oxford University Press), pp. 1-241; David S. Gibbons, and Jennifer W. Meehan, "The Microcredit Summit's Challenge: Working Towards Institutional Financial Self-Sufficiency While Maintaining a Commitment to Serving the Poorest Families," *Journal of Microfinance* 1(1999): 131-192.

第一目标，那么，小额信贷机构就会偏爱那些信誉更卓越的人，最贫困者自然而然就会被边缘化。小额信贷甚至出现向高端客户偏移而忽视穷人需求的强烈倾向，较贫困客户往往被排斥，[1]随着时间推移，最终，穷人在小额信贷客户中逐渐消失。[2]复制孟加拉国GB模式的小额信贷产业都发生了变形（metamorphosis），如小组借贷模式被个人借贷和村银行取代；借贷规模扩大，失去"小额"的味道；小额信贷的最优运行（best practice）被理解为财务能够完全自我维持（full financial self-sufficiency）；一些小额信贷机构转变为正规金融机构或营利性银行（profitable banks）。[3]Hulme甚至认为，除了孟加拉国以外，小额信贷产业（the microfinance industry）根本就没有触及贫困。学者们研究中国问题时，同

---

[1] H. A. J. Moll, "Microfinance and Rural Development: A Long Term Perspective," *Journal of Microfinance* 7(2005): 13-31.

[2] S. Navajas, M. Schreiner, R. L. Meyer, C. Gonzalez-Vega, and J. Rodriguez-Meza, "Microcredit and the Poorest of the Poor: Theory and Evidence from Bolivia," *World Development* 28(2000): 333-346.

[3] Gwendolyn Alexander, *Microfinance in the 21st Century: How New Lending Methodologies May Influence Who We Reach and the Impact That We Have on the Poor*, 2000.

样也发现了瞄不准问题。[1]Park和Ren发现,在非政府的小额贷款项目中,最富裕的农户一般被排除了,但在合乎要求的农户中,富裕和贫困的人群有同样的可能性参与项目。[2]熊惠平认为,中国的小额信贷自1990年以扶贫为主旨引入以来,从早期农信社的农户小额信贷,到后来的约300个非政府组织主导的项目型小额信贷,再到新生的商业性小额贷款组织试点,其异化倾向已较为明显。[3]汪三贵在对贵州省草海的社区基金小额信贷项目的研究中发现,参与项目的农户在净收入、资产价值、人均粮食产量以及平均受教育年限方面都显著地高于没有参加项目的农户。[4]基于对河北省易县和河南省南召县借贷者的调查,孙若梅发现扶贫社能够瞄准每个收入组的农户,但是瞄准不同收入组的比例有差异,小额贷款的借贷者主要是项目所在地区的中等或中等以上收入的

---

[1] David Hulme, "Is Microdebt Good for Poor People? A Note on the Dark Side of Microfinance," *Small Enterprise Development* 11(2000): 26-28.

[2] Albert Francis Park, and Changqing Ren, "Microfinance with Chinese Characteristics," *World Development* 29(2001): 39-62.

[3] 熊惠平:《"穷人经济学"的信贷权解读——小额信贷"瞄而不准"的现实考量》,《商业研究》2007年第8期。

[4] 汪三贵:《草海小额信贷案例报告》,载吴国宝著《扶贫模式研究:中国小额信贷扶贫研究》,中国经济出版社,2001。

农户。[1]黄祖辉等的研究认为，同一地区内部不同类型农户参与正规信贷的情况存在较大差异，其参与程度随家庭收入和财产的增加而增加，即收入中等或收入较低的农户参与农村正规贷款的程度较低。[2]程恩江和Abdullahi D. Ahmed对我国四个贫困县经营良好的小额信贷机构的研究发现，农信社瞄准了最高收入的农户，而服务于贫困农户的主要是非正规金融。[3]在中国的贫困地区，小额信贷项目一般而言没能直接为贫困地区的贫困人群提供小额贷款，而是使农村的贷款服务从最高收入的农户扩展到了中等和中等以上收入的农户。小额信贷机构自动地瞄准了非农生产活动，因为农户的非农经营活动更可能产生现金收入，能够满足小额信贷每周或每双周分期还款的要求。

---

[1] 孙若梅：《小额信贷与农民收入》，中国经济出版社，2005。

[2] 黄祖辉、刘西川、程恩江：《中国农户的信贷需求：生产性抑或消费性——方法比较与实证分析》，《管理世界》2007年第3期。

[3] 程恩江、Abdullahi D. Ahmed：《信贷需求：小额信贷覆盖率的决定因素之一——来自中国北方四县调查的证据》，《经济学》（季刊）2008年第4期。

二 小额信贷瞄不准的原因

在研究小额信贷瞄准的效率和瞄不准的影响之后,学者们从不同角度分析了瞄准偏差及原因。

首先,许多学者从供给的角度来解释瞄不准问题。从客户甄别方面,孙若梅、刘西川等都认为成功的小额信贷十分依靠严格的甄别机制,以确保借出去的贷款能够被偿还。[1] 小组成员和项目工作人员需要非常认真地识别出潜在的风险客户。管理人员不一定严格按照甄别机制和贷款标准发放贷款,以及小额信贷机构从单纯追求扶贫目标转向扶贫与机构可持续性并重的"双赢"战略转移,加剧了目标偏移程度。此外,孙若梅认为,小额信贷偏好有稳定的家庭收入、多样化的收入来源和有些资产的客户(通常是穷人中经济状况略好些的),[2] 因为这样的客户即便在小额贷款投资的项目活动中不能创造足够的收入和利润,也可以偿还贷款。此外,贷款机构还会担心,赤贫的家庭有可能将贷款直接消费掉,或者把来自贷款

---

[1] 孙若梅:《小额信贷与农民收入》,中国经济出版社,2005;刘西川、黄祖辉、程恩江:《小额信贷的目标上移:现象描述与理论解释》,《中国农村经济》2007 年第 8 期。

[2] 孙若梅:《小额信贷与农民收入》,中国经济出版社,2005。

投资活动的收入用于消费，或者因为他们过于贫困而无法通过项目活动产生足够的短期收入来分期偿还贷款。

其次，学者们还从需求的角度解释了瞄不准问题。刘西川等的研究表明，小额信贷瞄准目标从贫困户向富裕户移动的原因是大部分贫困户缺乏对给定小额信贷产品的需求，而部分富裕户对变通了的小额信贷产品有较强的需求。[1] 还有学者发现，在我国，农户工资收入的增长倾向于减少农户对小额贷款的需求。因为许多能挣到工资的农户在非农业经营活动上的投资机会非常有限。[2]

最后，有学者从其他角度来解释。Seibel 等认为，许多小额信贷机构复制格莱珉银行模式却没有获得格莱珉银行的效果，其原因在于没有把握格莱珉银行利用社会资本的精神，要复制该模式，应该首先注意

---

[1] 刘西川、黄祖辉、程恩江：《小额信贷的目标上移：现象描述与理论解释》，《中国农村经济》2007 年第 8 期。

[2] 程恩江、Abdullahi D. Ahmed：《信贷需求：小额信贷覆盖率的决定因素之一——来自中国北方四县调查的证据》，《经济学》（季刊）2008 年第 4 期；黄祖辉、刘西川、程恩江：《贫困地区农户正规信贷市场低参与程度的经验解释》，《经济研究》2009 年第 4 期。

利用和培育具有当地特色的社会资本。[1]孙若梅提出瞄准的贫困程度是当地经济发展水平的函数,在收入水平很低和普遍贫困的地区,瞄准的家庭总体更加贫困。[2]熊惠平认为,非政府组织领导的小额信贷项目一直未被赋予金融机构地位而难获融资是重要原因,技术性偏差中蕴含的制度性偏差是潜在利益的主要诱因。[3]如果说小额信贷经受市场经济的洗礼而重生是必然的话,那么中国小额信贷的扶贫效应正在减弱,而且会越来越弱,这正在成为不可抗拒的现实。扶贫协商小组认为设定小额信贷利率上限也会导致瞄不准问题,特别是当小额信贷利率设定的上限太低时,小额信贷机构由于无法覆盖其操作成本,常常会逐步退出市场,发展更加缓慢,或者缩减在农村地区或其他成本更高地区的业务,因此,会阻碍贫困人口获得这种金融服务。[4]

---

[1] Hans Dieter Seibel, G. Llanto, and Benjamin Quiñones, "How Values Create Value: Social Capital in Microfinance—The Case of the Philippines," *Policy Sciences* 33(2000).

[2] 孙若梅:《小额信贷与农民收入》,中国经济出版社,2005。

[3] 熊惠平:《"穷人经济学"的信贷权解读——小额信贷"瞄而不准"的现实考量》,《商业研究》2007年第8期。

[4] CGAP, "Interest Rate Ceilings and Microfinance: The Story So Far," *Occasional Paper* 9(2004b); CGAP, "The Impact of Interest Rate Ceilings on Microfinance," *Donor Brief* 9(2004c).

三 解决小额信贷瞄不准问题的方法

学者们提出了解决这一问题的方法。Haarmann强调瞄准中出现的问题不能仅通过规章制度来解决,比如污名问题（the problem of stigma），但是,如果保证瞄准机制具有以下特征,那么,瞄准中出现的一些问题是可以解决的。一是,利率是合理的,公平地将真正需要小额信贷的人纳入进来;二是,必须让居民（特别是潜在的受益人）知道他们是符合项目条件的;三是,瞄准方法必须是可确定的和可观测的;四是,评估贫困程度时不能产生激励倒错（perverse incentives）;五是,对于申请人来说,申请过程处理起来必须清晰简单;六是,对于工作人员来说,规章制度处理起来要简单容易;七是,客户甄别过程不能被操纵,也不应该是可以主观解释的（subjective interpretation）。[5] 瞄准方法的选择应该平衡两个方面因素,一方面是聚焦于脆弱人群,另一方面是使信用风险（fiduciary risk）最小化。世行秦巴小额信贷扶贫项目监测报告中指出,保证对象识

---

[5] D. Haarmann, *From the Maintenance Grant to a New Child Support* (Cape Town: University of the Western Cape,1998), pp.728-734.

别的贫困性质必须依靠一种自上而下的技术标准、廉洁有效的干部系统、工作的专业化和细致化程序以及良好的监测反馈系统。如果体制和技术标准设计合理,它本身具有一种对贫困农户的自动寻找功能。反之,则容易出现向非贫困对象的偏离。熊惠平认为,形成一种良性的利益表达、利益博弈协调机制以及利益冲突的制度化解决机制是关键。① 只有小额信贷机构在项目设计之初就以为穷人服务为目标,才有可能让穷人成为客户。还有学者从需求方面来寻找解决瞄不准问题的办法。他们认为小额信贷项目可以通过改进贷款产品、更好地向农民推销这些产品等措施来提高小额贷款机构的覆盖率,而通过改善贫困地区农户的非农生产机会也能提高小额信贷机构的覆盖率。② 覆盖面的扩大需要以信贷市场参与程度的提高为前提,而市场参与程度又以农户对正规信贷存在需求为必要条件,在我国目前农户对信贷需求不足的现实下,在不改变现有正规贷款产品、服务的情况

---

① 熊惠平:《"穷人经济学"的信贷权解读——小额信贷"瞄而不准"的现实考量》,《商业研究》2007年第8期。

② 程恩江、Abdullahi D. Ahmed:《信贷需求:小额信贷覆盖率的决定因素之———来自中国北方四县调查的证据》,《经济学》(季刊)2008年第4期。

下，单纯通过增加信贷供给来追求贷款覆盖面扩大的做法是低效的。如果机构能够针对农户信贷需求的现实特点，积极改进原有（或开发新的）信贷产品和服务方式，则有可能释放农户对信贷的潜在和隐藏需求。长远地看，重视、培育和积极挖掘农户的信贷需求才是促进农村正规金融市场可持续发展的根本出路。①

---

① 黄祖辉、刘西川、程恩江:《贫困地区农户正规信贷市场低参与程度的经验解释》,《经济研究》2009年第4期。

第二章

文池村村情

大河店镇位于徽县南部,北抵水阳乡、栗川乡,西与成县接壤,南连陕西省略阳县,东南毗壤虞关乡,东北与嘉陵镇连界,既是徽县的南大门,也是西北进入西南的重要通道之一。大河店镇总面积150.4平方公里,人口11175人。镇政府设在大河村上庄合作社,海拔760米。2006年区划调整后辖17个行政村。

文池村距县城21公里,距镇政府驻地13公里。文池村耕地面积2080亩,林地面积5295亩,牧草地面积350亩,畜禽饲养地面积60亩,养殖水面20亩。截至2016年底,文池村有农民合作社2个,目前没有家庭农场、专业大户和企业。

文池村有 4 个村民小组 164 户。文池村常住人口 649 人，劳动力 350 人。流动人口规模方面，外出半年以上劳动力 28 人，外出半年以内劳动力 6 人；人口流向方面，到省外务工劳动力 10 人，到省内县外务工劳动力 5 人；外出务工人员从事的主要行业是建筑业和餐饮业；外出务工人员中途返乡 6 人。

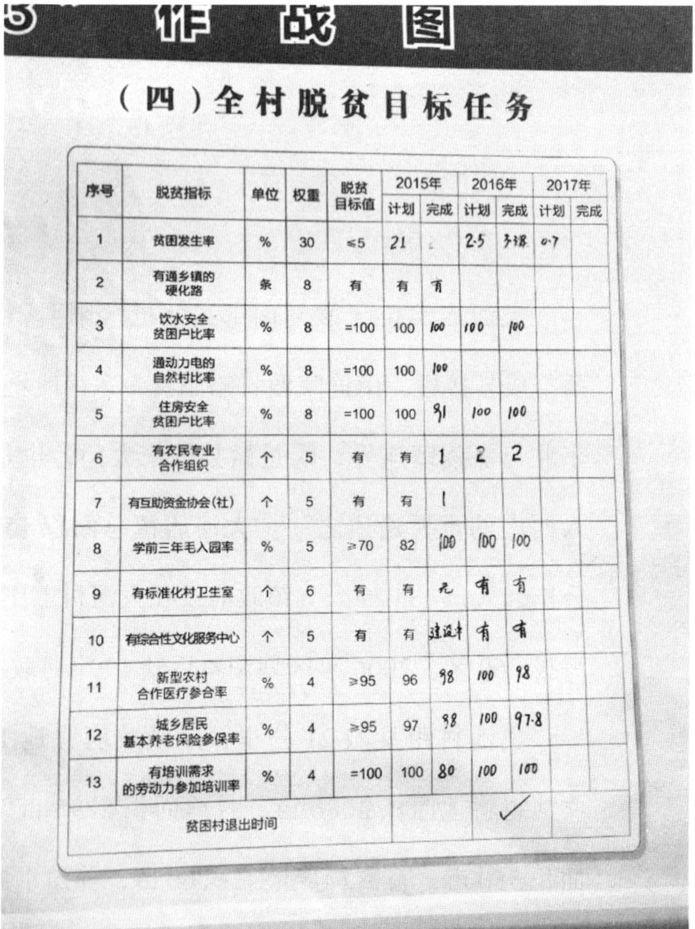

（四）全村脱贫目标任务

序号	脱贫指标	单位	权重	脱贫目标值	2015年		2016年		2017年	
					计划	完成	计划	完成	计划	完成
1	贫困发生率	%	30	≤5	21		2.5	3.18	0.7	
2	有通乡镇的硬化路	条	8	有	有	有				
3	饮水安全贫困户比率	%	8	=100	100	100	100	100		
4	通动力电的自然村比率	%	8	=100	100	100				
5	住房安全贫困户比率	%	8	=100	100	91	100	100		
6	有农民专业合作组织	个	5	有	有	1	2	2		
7	有互助资金协会（社）	个	5	有	有	1				
8	学前三年毛入园率	%	5	≥70	82	100	100	100		
9	有标准化村卫生室	个	6	有	有	无	有	有		
10	有综合性文化服务中心	个	5	有	有	建设中	有	有		
11	新型农村合作医疗参合率	%	4	≥95	96	98	100	98		
12	城乡居民基本养老保险参保率	%	4	≥95	97	98	100	97.8		
13	有培训需求的劳动力参加培训率	%	4	=100	100	80	100	100		
贫困村退出时间							✓			

图 2-1　文池村脱贫目标任务

（陈方拍摄，2017 年 4 月）

目前，文池村建档立卡贫困户为44户，低保户为20户，"五保户"为0户。建档立卡贫困人口175人，低保人口65人。

第一节 文池村收入和支出结构

一 样本农户收入水平及结构

2016年，60户样本农户户均总收入22396.04元，人均收入5098.29元。家庭年收入水平在4万元及以上的有5户，占样本农户的8.33%；家庭年收入在30000~39999元的有9户，占样本农户的15%；家庭年收入在20000~29999元的有14户，占样本农户的23.33%；家庭年收入在10000~19999元的有21户，占样本农户的35%；家庭年收入在1万元以下的有11户，占样本农户的18.33%（见表2-1）。样本农户人均年收入主要分布在1000~10000元，人均年收入在1万元以上的有3户，占样本农户的5%；人均年收入在5000~9999元的有27户，占样本农户的

45%；人均年收入在 1000~4999 元的有 24 户，占样本农户的 40%；人均年收入在 1000 元以下的有 6 户，占样本农户的 10%（见表 2-2）。

表 2-1　文池村样本农户 2016 年家庭收入分布

单位：户，%

项目	40000元及以上	30000~39999元	20000~29999元	10000~19999元	10000元以下
户数	5	9	14	21	11
占比	8.33	15.00	23.33	35.00	18.33

资料来源："精准扶贫精准脱贫百村调研"文池村调研。
说明：本书统计表格，除特殊标注，均来自文池村调研。

表 2-2　文池村样本农户 2016 年人均收入分布

单位：户，%

项目	10000~19999 元	5000~9999 元	1000~4999 元	1000 元以下
户数	3	27	24	6
占比	5.00	45.00	40.00	10.00

农户对于 2016 年家庭收入的自我感觉方面，样本农户中，大部分农户对 2016 年的家庭收入评价为一般。有 2 户认为自己的家庭收入非常高，有 15 户认为 2016 年的收入较高，有 35 户认为一般，5 户认为较低，3 户认为非常低（见表 2-3）。

表 2-3　文池村样本农户对 2016 年家庭收入的评价

单位：户，%

项目	非常高	较高	一般	较低	非常低
户数	2	15	35	5	3
占比	3.33	25.00	58.33	8.33	5.00

农户对于 2016 年家庭收入的满意度方面，样本农户中，有 45% 的农户对 2016 年的家庭收入评价为比较满意，有 8 户对家庭收入表示非常满意，有 12 户对家庭收入表示一般，有 10 户对家庭收入表示不太满意，有 3 户对家庭收入表示很不满意（见表 2-4）。

表 2-4　文池村样本农户对 2016 年家庭收入的满意度

单位：户，%

项目	非常满意	比较满意	一般	不太满意	很不满意
户数	8	27	12	10	3
占比	13.33	45.00	20.00	16.67	5.00

在"影响致富的主要因素"的调查中，我们发现，农户认为缺乏资金和技术是影响致富的主要原因。样本农户中，有 48 户选择了"缺少资金"，46 户选择了"缺少技术"，6 户选择了"缺乏市场信息"，4 户选择了"环境制约"，3 户选择了"缺乏经营力，努力不够"。

二 样本农户支出水平及结构

样本农户 2016 年户均总支出 7035.8 元,占户均总收入的 31.42%。样本农户人均支出 1724.46 元。支出结构方面,食品支出和教育支出是农户支出的主要组成部分。其中,食品支出占比最高,占比为 30.79%;教育支出次之,占比为 25.16%;医疗支出和礼金支出分别占 15.20% 和 15.44%;养老支出和合作医疗保险支出占比分别为 3.23% 和 5.99%(如表 2-5 所示)。

表 2-5 2016 年文池村样本农户户均家庭支出及结构

单位:元,%

	总支出	食品支出	医疗支出	教育支出	养老支出	合作医疗保险支出	礼金
户均金额	7035.8	2166.0	1069.4	1770.0	227.2	421.2	1086.0
占户均总支出比重	—	30.79	15.20	25.16	3.23	5.99	15.44
人均金额	1724.46	530.88	262.11	433.82	55.69	103.24	266.18

第二节 文池村农户资产状况:家庭土地经营规模和住房

土地经营规模方面,样本农户户均土地经营面积为24.52亩，人均耕地面积为6.08亩。样本农户中，人均耕地面积最大的为65亩，最小的为0亩。

住房方面，有15户农户拥有2套住房，45户拥有1套住房。

居住条件方面，第一，住房类型以平房为主。样本农户中，有59户住房为平房，仅有1户为楼房。第二，住房状况较好。60户农户中，5户的住房虽然没有被政府认定为危房，但属于危房，其他55户的住房状况属于一般或良好。第三，住房的建筑材料以砖瓦砖木为主。样本农户中，有26户住房的建筑材料为砖瓦砖木，14户为砖混材料，10户为竹草土坯，9户为钢筋混凝土，1户为其他。第四，住房面积在60~130平方米，平均建筑面积为86.37平方米。第五，主要的取暖设施是土暖气，许多农户拥有多种取暖设施。样本农户中，有27户的取暖设施是炉子，58户是土暖气，2户是电暖气。样本农户中，25户农户有两种取暖设施，1户有三种取暖设施。第六，54户样本农户的沐浴设施是太阳能，1户是热水器，5户家中没有沐浴设施。第七，59户农户的住房紧挨硬化公路，1户与最近的硬化公路的距离为600米。第八，居民饮水方面，56户的最主要饮用水源是"受保护的井水和泉水"，2户是"经过净化处理的自来水",2户是其他。60户农户均表示没有饮水困难。第九,样本农户目前主要炊事用能源均为柴草。第十,农村卫生条件仍需改善。有29户住房的厕所类型是卫生厕所,其他31户均为传统旱厕。59户生活污水排放方式是院外沟渠排放,有1户生活污水仍是随意排放。

样本农户对目前住房的满意度较高,有18户表示对现在住房"非常满意",有34户表示比较满意,有6户表示一般,有2户表示不太满意,没有人表示对现在住房很不满意。

第三节 文池村农户对生活的自我评价

农户对目前生活的满意度较高。在"总体来看,对现在生活状况满意度"的调查中发现,22户表示非常满意,28户表示比较满意,7户表示一般,3户表示不太满意,没有农户对现在的生活状况表示很不满意。

大部分农户表示现在生活比5年前有所改善。在

"与5年前相比,你家的生活变得怎么样"的调查中,32户表示好很多,23户表示好一些,1户表示差不多,2户表示差一些,1户认为差很多。大部分农户表示5年后生活比现在有所改善。在"你觉得5年后,你家的生活会变得怎么样"的调查中,23户表示会好很多,11户表示会好一些,5户表示差不多,3户表示会差一些。值得注意的是有18户认为不好说(见表2-6)。

表2-6 文池村样本农户对过去和未来5年生活的评价

单位:户

项目	好很多	好一些	差不多	差一些	差很多	不好说
与5年前相比	32	23	1	2	1	1
与5年后相比	23	11	5	3	0	18

在"与多数亲戚朋友比,你家过得怎么样"的调查中,3户表示好很多,6户表示好一些,38户表示差不多,10户表示差一些,3户认为差很多。在"与本村多数人比,你家过得怎么样"的调查中,2户表示好很多,10户表示好一些,37户表示差不多,10户表示差一些,1户认为差很多(见表2-7)。

表2-7 文池村样本农户与他人相比对生活的自我评价

单位：户

项目	好很多	好一些	差不多	差一些	差很多
与多数亲戚朋友比	3	6	38	10	3
与本村多数人比	2	10	37	10	1

第四节 文池村农户家庭负债情况及贷款意愿

截至2016年末，文池村有家庭负债的农户是31户，而2015~2016年期间有过借贷发生的农户是43户（见表2-8）。下面分析农户的家庭负债规模和结构。

2015年，样本农户中有12户发生了借贷，有11户的借款来自国家开发银行发放的贴息贷款，1户的借款来自村扶贫互助资金协会，借贷金额均为5万元，期限均为3年，发生借贷的12户样本农户户均收入为24034.8元，人均纯收入为6324.95元。2016年，样本农户中有31户发生了借贷，有15户的借款来自信用社，15户的借款来自村扶贫互助资金协会，1户的借款来自国家开发银行发放的贴息贷款，平均借贷金额约为4.03万元，发生借贷的31户样本农户户均收入为23206元，人均纯收入为5274.09元。

表2-8　2015~2016年文池村样本农户家庭负债情况

单位：户，元

项目	2015年	2016年
有借贷的户数	12	31
平均借贷金额	50000	40322.58
人均纯收入	6324.95	5274.09

对2015~2016年期间累计发生的43笔借贷进行分析，可以发现，风险控制方面，农户贷款基本上没有抵押贷款。43笔借贷中，仅有5笔是抵押贷款，抵押物均为土地经营权；43笔贷款中，有1笔需要担保，担保人为农户的亲戚朋友。

信贷的交易成本方面，第一，43笔贷款中，村扶贫互助资金协会贷款的年利率为6%，信用社年利率平均为6.16%，国家开发银行发放的贷款为贴息贷款，因此，对于农户来说没有利息成本。第二，从贷款的时间成本方面来看，农户办理三种贷款基本上都只"跑了一次"，但是业务办理的时长差异较大。信用社贷款的时间成本相对较高，平均业务办理时间为3.47小时/笔；国家开发银行次之，平均业务办理时间为2.75小时/笔；而村扶贫互助资金协会贷款平均业务办理时间为1.56小时/笔。第三，从交通费用成本方面来看，43笔借贷中，16笔村扶贫互助资金协会贷款均未发生交通费用；12笔国家开发银行发放的贴息贷款中，有8笔贷款发生了交通成本，平均交通费为16元；15笔信用社贷款中，有14笔贷款发生了交通成本，平均交通费为16元。第四，43笔借贷均未发生送礼等其他成本。

信贷的用途方面，43笔贷款中用于发展农业和建房的相对较多。有23笔用于发展生产，其中，有21笔用于"发展农业"，有2笔用于"发展运输业"；有22笔属于生活性贷款，其中，有4笔用于"看病"，有1笔用于"孩子上学"，有17笔用于"建房"。[①]

还款的来源则主要是打工收入和农业收入。其中，还款来源是打工收入的有22笔，还款来源是种植业收入的有15笔、养殖业的有6笔。

贷款意愿方面，第一，大部分农户期望的借贷来源是信用社和村扶贫互助资金协会。对于"您需要大量资金时，最希望从哪里得到"的调查显示，有47户选择了"信用社"，有41户选择了"村扶贫互助资金协会"，有7户选择了"亲朋好友及近邻"，有1户选择了"村镇银行"。虽然大部分农户期望的借

---

① 部分农户的贷款有多种用途。

贷来源是信用社，但农户对银行贷款的意愿也十分强烈。对于"是否愿意从银行贷款"的调查显示，55户表示愿意从银行贷款，仅有5户表示不愿意。第二，大部分农户期望的借贷额度是5万~10万元。对于"一次性希望贷多少钱"的调查显示，有22户选择了5万元，有13户选择了10万元，有4户选择了2万元，有1户选择了1万元，有3户选择了10万元以上。第三，大部分农户期望的贷款期限是3~5年。对于"期望的贷款期限"的调查显示，有20户选择了4年，有11户选择了5年，有13户选择了3年，有2户选择了2年。第四，农户能承受的最高年利率方面，有53户选择了6%，有1户选择了3%。第五，信用贷款依然是农户理想的贷款方式。第六，在抵押物的选择上，农户更偏好于土地经营权。对于"您希望用什么抵押／质押"的调查显示，26户农户选择了"土地经营权"。第七，小组联保是农户偏好的担保方式。对于"希望谁给您担保"的调查显示，3户农户选择了"亲戚朋友"，23户农户选择了"小组联保"，1户农户选择了"其他"。

第三章

文池村金融扶贫运作模式

除传统的信用社贷款以外,文池村目前开展的小额贷款项目共计五种,分别是村扶贫互助资金协会贷款、国家开发银行发放的产业扶贫贷款、农业银行和县担保公司联合发放的"双联农户贷"、妇联发放的妇女小额贷款,以及扶贫办发放的精准扶贫专项贷款(见表3-1)。

表3-1 文池村各项扶贫贷款产品结构

项目	年利率(%)	期限(年)	抵押担保方式	贷款额度(万元)
村扶贫互助资金协会贷款	7.2	1	小组联保贷款	1
国家开发银行产业扶贫贷款	6	5	林权证担保/土地承包证	3
"双联农户贷"	县财政100%贴息	5	县担保公司担保	3
妇女小额贷款	县财政100%贴息	1	贷款妇女提供反担保	3
精准扶贫专项贷款	县财政100%贴息	1~3	信用贷款	1~5

第一节　文池村扶贫互助资金协会

一　项目缘起和资金来源

陇南市互助资金项目于 2006 年发起，第一期设置两个试点，分别为大河店镇文池村和麻沿镇。

甘肃省徽县大河店镇文池村是省定扶贫工作重点村。2005 年，该村被地方政府列为世行项目贷款村，同时也是该县的"扶贫工作整村推进"和"世行项目终评验收相结合"示范村。为探索落后地区农村经济可持续发展的有效途径，2006 年 4 月，甘肃省扶贫办和外资扶贫项目管理中心投入试点资金 10 万元，帮助文池村成立了"小额信贷扶贫开发基金会"。项目资金用于向农户发放 2000~3000 元的小额贷款。设计这个项目有两个基本出发点：一是帮助农村贫困户解决发展资金短缺和贷款难问题；二是增加农民收入，提高农民参与农村事务管理的能力。项目探索寻求的是一种持续、灵活使用扶贫资金模式的新机制。

项目的经营宗旨是"整合资源、自我管理、民主监督、小额信贷、持续发展"。经营目的是通过支持贫困农户发展种养业，增加农民收入。除特殊情况外，一般对村民的生活借款申请不予审批。

2006年4月，甘肃省扶贫办和外资扶贫项目管理中心投入试点资金10万元，项目资金主要用于农户养殖，由于项目效果较好，农户生产得到发展，干部工作能力得到提升，项目运行期间融洽了干群关系，2007年5月通过县财政向文池村追加20万元。此后，国务院扶贫办于2010年和2012年给文池村分别追加10万元资金。其间，文池村还获得个人捐款3万元。经过数年发展，截至2012年，在该村运行的资金总额达到53万元，资金总额居陇南市互助资金项目村首位。

二 项目组织架构和运行步骤

省外资扶贫项目管理中心、县扶贫开发领导小组、县扶贫办抽出相关管理人员成立指导小组。县信用联社、乡信用社各确定一名业务骨干参加指导小组，按国家的相关政策具体指导培训村级成员。在村党支部、村委会的直接领导下，由全体村民推选产生基金委员会成员，召开会议共同讨论基金使用的管理规定，在接受指导小组的培训后自主管理基金。基金委员会设主任、会计、出纳、监督员各一名，并制定了相应的岗位职责要求。

该项目的贷款程序为：村民自愿申请，村民小组初步审查，由本组的5户以上村民联保，然后报基金委员会审批发放。服务对象主要是经济条件差、不能给农村金融机构提供足额担保的贫困户。

首先，召开村民会议，选举产生基金管理人员并制定产生有关管理规定，组建基金委员会，在信用社设立基金专户，开设现金支票户。其次，由5~7户自愿组成一个互助小组，推选出小组长，并制定小组职责。贷款前组织农户学习、讨论、交流操作规程。最后，对小组长、中心组长、基金委员会成员进行培训。农户在借款时首先向小组提出书面申请，小组其他成员互助联保签名，然后汇总上报中心组长，中心组长召开中心组会议审查认可后填报资金需求统计表，上交村基金委员会，由村基金委员会召集中心组长、小组长审查讨论决定，并张榜公示，群众无异议后由村基金委员会与贷款人办理贷款手续，并出具证明，由贷款户直接到信用社凭支票领取贷款。

信息公开方面，一方面，文池村在村委会悬挂基金会机构示意图、基金会运作章程、管委会和监委会职责、管委会和监委会主任职责、会计和出纳职责以及借款流程等规章制度，实现了制度的公开透明；另一方面，文池村还在村委会以贷款户明白卡的方式向村民公布贷款情况，让村民了解项目资金的使用对象、使用额度和期限以及贷款利率等，实现了项目运行的公开透明。

三 产品结构和风险控制

基金设立初期，贷款的金额为每户最高3000元，一次性放款，期限一年。随着时间推移，2007年5月，贷款金额调整为每户3000~5000元，目前扶贫互助资金协会贷款的金额上限调整到1万元，年利率7.2%，一次性放款，期限一年，担保方式为小组联保。

最初，按照基金会的管理章程规定，当年盈利按20%提取公积金，用于扩大服务规模及弥补亏损；按40%提取公益金用于本村文化、福利事业；剩余利润打入资本金用于扩大经营。目前，协会的占用费的使用方法为：当年盈利按20%提取公积金，用于滚动发放贷款，扩大服务规模；按20%提取公益金，用于本村公益事业；按10%提取风险准备金，用于弥补风险损失；按10%提取管理办公经费，用于支付协会日常管理成本；按40%提取误工补贴，用于支付信贷员开展业务发生的误工补贴。

"文池模式"小额信贷风险控制和风险监督机制主要由以下两个方面组成。一方面，严格实行公示制度。即在向借款人发放贷款之前，将借款人的信用程度、借款用途、借款金额、偿还能力等在本村公示。另一方面，地方政府进行直接干预。即借款人不能按时归还借款时，则对借款人的宅基地不予审批，并由村委会扣押借款户的退耕还林款和粮食补贴款，用以偿还贷款。

对于不能按时还款的农户制定了一个惩罚制度即收取滞纳金，第一次拖欠还款交滞纳金1元，第二次交2元，每增加一次拖欠，增加1元滞纳金，依此类推，这样有利于提高农户的还款意识，避免欠款太多而导致基金无法正常运转。同时，贷款户拖欠还款所交滞纳金列入社区积累。

对于天灾人祸导致无法还款的农户，需本人提出书面申请，经管委会和监事会讨论通过，在村内张榜公示后，向乡政府和县扶贫办提交报告，经批准后方可使用风险金来覆盖贷款损失，目前文池村互助资金协会尚未出现相关案例。

四 发展情况

截至 2016 年底，陇南市实施互助资金项目 2837 个，其中 1365 个建档立卡贫困村实现了全覆盖。互助资金总规模达到 66477.89 万元。其中，财政扶贫资金 54623.67 万元，市级财政配套 4202 万元，县级财政配套 5840 万元（武都区 560 万元、宕昌县 500 万元、文县 1620 万元、康县 1450 万元、两当县 470 万元、成县 1240 万元），农户缴纳 951.92 万元，占用费扩充本金 355.7 万元，其他资金 504.60 万元。全市累计发展会员 15.58 万户，其中贫困户会员 5.8 万户，累计发放贷款 3.08 亿元，其中发放给贫困户 1.4 亿元。

自 2006 年起，互助资金项目在文池村发放贷款累计金额约 420 万元，发放贷款 510 笔，累计利息收入 30 余万元。截至 2016 年底，互助资金项目的贷款户逾 60 户。

第二节 国家开发银行合作金融支持产业扶贫项目

一 项目缘起和贷款瞄准机制

2013 年中央一号文件中提到要探索农业银行服务"三农"新模式，强化农业发展银行政策性职能定位，鼓励国家开发银行推动现代农业发展和新农村建设。2016 年，国家开发银行合作金融支持产业扶贫项目将 141 万元资金发放至文池村扶贫互助资金协会。项目年利率 6%，贷款周期为 5 年，担保方式为林权证以及土地承包证担保。截至 2016 年底，该项目贷款户为 47 户。

在项目前期管理中，贫困户的认定是基础工作。贫困户的认定工作是在县扶贫开发领导小组的统一领导下，由县扶贫、统计等部门负责组织，成立由乡

（村）干部、群众代表、贫困户代表、妇女代表、致富带头人等组成的贫困户认定小组，以每年末确定的档案贫困户为工作对象，进村入户调查摸底，在掌握贫困户家庭生产生活和当年人均纯收入等情况的基础上，召开村民大会，分析贫困原因，评出贫困户名单，经全体村民投票表决，在村级张榜公示无异议后正式认定为贫困户，并及时纳入各级贫困户档案，实行动态管理，做到户有卡、村有表、乡有册、县有纸质档案和电子档案。

二 运行流程

每个试点县将一部分用于扶持产业的财政扶贫资金注入县担保公司作为担保金并出具贷款承诺，县担保公司向国家开发银行（以下简称"国开行"）甘肃省分行存入保证金。市经济发展投资公司与国开行甘肃省分行签订贷款协议，国开行按1∶10的比例向市经济发展投资公司批发贷款，贷款期限2年，年利率6%。市经济发展投资公司（以下简称"市经投公司"）将贷款资金拨付至县扶贫办专户，由县扶贫办转贷给村扶贫互助资金协会，农户通过与村扶贫互助资金协会签订合同取得贷款来发展产业。村扶贫互助资金协会按照贷款审批流程对农户贷款资格、用途、贷款担保情况进行严格审查。农户通过农信社归还本息，农信社层层解缴至国开行，银行将保证金归还政府。在整个运行过程中，资金封闭流动，并且处在政府与银行相互监督、政府与农户相互监督、银行与农户相互监督的保障下，降低了银行的资金风险。

（一）贷款申请审查

由于贷款资金来源于正规金融机构，贷款制度也应严格按照金融机构的要求建立，为了规避在贷款后期出现的资金风险，扶贫互助资金协会需要审查贷款申请者的各项基本情况，审查完毕后，由监事会进行审批，最后向农户发放贷款。贷款申请审查的目的是便于金融机构与政府部门做备查。

（二）资金发放与偿还

通过贷款申请审查的农户与村扶贫互助资金协会签订贷款合同，合同中规定了贷款期限、贷款用途、贷款金额、贷款利率、资金使用费标准以及贷款担保人。农户需通过联保等合同规定的贷款担保形式取得资金，并且按照贷款申请中列明的贷款用途使用资金，贷款用途限于农业产业发展。金融机构对用作扶贫互助资金部分的贷款的利率规定是年利率6%，其中4.75%上交国开行，剩余的1.25%留存于村扶贫互助资金协会作为管理经费、技术培训费，若仍有剩余，则补充至互助资金池。从长远来看，随着除管理经费、技术培训费之外的资金使用费的不断累积，扶贫互助资金协会拥有的资金总量不断增加，互助资金总量的增加促使互助资金覆盖面扩大，即农户将生产剩余的一部分投入资金池，凸显互助资金互助本质。农户偿还贷款采取本息分期付款的方式，农户在借款1年时，支付一年期借款利息，在借款1年半时，归还50%的借款本金；在借款到期10天前，归还剩余借款本金及利息。在每个时间节点上均由村扶贫互助资金协会负责收回，逐级上解至县扶贫办专户、市经投公司，再由市经投公司归还国开行。

三　保障机制

"四保障"即以组织管理、制度建设、风险防控、监督服务为主要内容的保障措施。组织管理以市、县、乡、村四级组织为依托建立组织管理平台，主要参与部门为市扶贫办、县扶贫办、乡镇党委和政府、村扶贫互助资金协会，各部门各司其职。制度建设中引入参与式扶贫的理念与方法，通过召开村民大会推选能力小组、制定互助资金协会章程，实现了民主管理，提高了群众自我管理和可持续发展的能力。为了进一步做好金融支持产业扶贫模式的运行工作，建立"两议一监督"制度，奠定了民主基础，强化了群众自我发展的理念和意识。在风险防控方面，国开行的贷前评审和农户联保及信用户评定工作降低了还款风险；通过整合现有培训资源、补贴农民技术培训费、建立农民技术培训经费使用管理机制来降低农户的生产风险；逐步引导和鼓励农民为用贷款发展的主导产业购买农业保险，政府给予一定的保费补贴以降低农户遭受自然灾害后的损失。在监督服务中，国家开发银行、县财政局、村扶贫互助资金协会监事会负责规范贷款流程、监督借款发放与回收、监督借款公示情况，并帮助指导农户合理运用借款、选择产业发展项目，向有关部门反馈存在的问题，并提出相应的建议。

第三节　双联农户贷

"双联农户贷"是中国农业银行甘肃省分行为支持"双联"行动,对 58 个贫困县 8790 个贫困村农户家庭内单个成员发放的自然人贷款。

一　贷款用途和准入条件

"双联农户贷"用于农户生产和规模化生产经营的融资需求,主要包括:①从事种植、养殖、农副产品加工、流通等农林牧渔生产经营活动;②从事运输、多种经营和农民专业合作组织等发展农业生产的规模化生产经营活动。

申请"双联农户贷"的借款人必须同时具备以下条件:①根据《中国农业银行三农个人贷款信用等级评定管理办法》,客户的信用等级评级结果为一般级及以上;②品行良好,申请贷款时无逾期未还贷款记录(经总行或一级分行认定的重大自然灾害或政策性原因导致的逾期未还贷款除外)。

二 产品结构

"双联农户贷"单户额度起点为3000元,从事专业化或规模化生产经营的最高额度为100万元(含)。经办行应根据客户的信贷需求、信用等级评级结果、担保情况、还款能力等因素确定具体贷款额度。

"双联农户贷"采用自助可循环方式的,可循环贷款额度期限不得超过3年。采用一般贷款方式的,应根据农户的生产经营周期和综合收入情况确定,贷款期限在1~3年,但对从事林果业等回收周期较长的生产经营活动的,最高可放宽至8年。

"双联农户贷"利率执行中国人民银行公布的金融机构人民币贷款基准利率,如遇基准利率调整应做相应调整。"双联农户贷"贷款由省财政全程、全额贴息。采取间接贴息方式,县农行贷款后按季先向借款户收取当期利息,再由县财政局和县农行共同审核确认后,上报省财政厅和省农行审定,由省财政厅给予贴息。

三 担保方式和贷款程序

"双联农户贷"由甘肃省中小企业信用担保有限责任公司投资、政府主导的县级政策性担保公司提供连带责任保证担保,并由甘肃省中小企业信用担保有限责任公司提供再担保。对当地没有县级政府主导的政策性担保公司的"插花"型贫困片带的443个贫困村,由甘肃省中小企业信用担保有限责任公司直接提供连带责任保证担保。

"双联农户贷"由农户个人自愿申请,村委会推荐,乡镇政府核查,县级政策性担保公司审核后提交县农行,县农行按照贷款条件和程序进行调查、审查、审批。银行业务基本流程为:客户申请、受理与调查、审查、审批、签订合同、提供信用、贷后管理、信用收回。

第四节 妇女小额贷款

2012年以来,徽县把妇女小额贷款工作与联村联户、为民富民行动结合起来，由县妇联牵头，财政、人社等部门和农村信用联社配合协同开展妇女小额贷款项目。徽县在向农村妇女发放小额贷款时，紧紧围绕扶持特色养殖业、种植业和农家乐旅游等产业，带动了一批农家妇女发展"短平快"的庭院式创业门路，提高了创业成功率。

一 产品结构和担保方式

文池村妇女小额贷款项目最高额度为3万元，县财政全额贴息。妇女小额贷款项目周期一般为1年，只有等项目款全部上缴，再经报项、审批之后，才能发放下一轮，因此项目周期名义上是1年，但实际上是1年半左右。同时，基层妇联为了保证项目款的按时回收，与受助户签协议时也会人为缩短项目时间，款项在受助户手中使用的实际时间仅为9~10个月。另外也存在农户使用项目款时间和生产周期相背离的现象。建议延长项目在基层的运作周期。建议和当地妇联签署一个3~5年的项目协议，每年可以检查评估项目的运作情况，不必每年都回收项目款，但基层妇联可以每年回收项目款，然后滚动救助其他对象，以提高项目资金的使用效率，扩大覆盖面。妇女小额贷款项目信用担保比例较低，要求贷款妇女提供反担保对大部分农村妇女来说难以做到，削弱了妇女小额贷款惠民政策的实施效果。

一个好的贷款产品，不仅可以自发地吸引客户，而且还能更有效地实现项目的初衷。对于妇女小额贷款项目做如下建议。第一，贷款最好能实现时间上的连续性，在一个地方能循环发放3年左右，以适应养殖业的生产周期。第二，调整贷款额度上限，以满足农民种养殖业的基本需求。第三，利率上应该执行"随用随还，循环使用"的原则，农户可以按实际贷款时间交纳管理费（如按月或者按季度），不论用款时间长短都要交纳一年的管理费是不可取的，此外，滚动发放和滚动回收也可以提高资金使用率，使之帮助更多的人。第四，增加担保形式，除了信用贷款以外，还可以开展联保贷款。

二 管理架构

组织管理体系主要由各级妇联组成，妇联实行地方组织和团体会员相结合的组织制度。按照国家的行政区划建立各级组织,具有网络组织优势,同时具有一定的政府行为色彩。从组织管理体系而言,这个体系是可持续的。但仍存在以下几个方面的问题。其一,妇联工作人员是妇女小额贷款项目在基层的操作人员,项目执行人员的专业普遍跟经济类项目管理要求相去甚远。由于他们大多没有接触过小额贷款,对项目如何运作和管理、农户信息如何收集缺乏基本的知识。在遇到需要解释项目运作过程中的一些问题时,项目人员对项目本身理解不透,因此形成一些不必要的失误,造成一些本可避免的损失。基层工作人员在执行贷款项目时,应具备基本的金融知识。建议对项目执行单位加强培训和能力建设,严格按照项目管理办法实施。其二,对工作人员缺乏激励机制,妇联工作人员不仅要完成日常工作,在发放和收回贷款的过程中几乎没有经费补贴,甚至自己要贴补通信、交通等费用,工作人员的积极性逐渐下降。其三,受助户找反担保难。妇联干部不仅要完成贷款工作,还要给受助户做反担保,无形中加大了工作人员的工作压力和精神压力。此外,妇联干部人数有限,如果该项目要扩大发展,如何寻找担保人将成为受助户需要考虑的重要问题之一。

第五节　精准扶贫专项贷款

一　项目缘起

精准扶贫专项贷款是省委、省政府为贫困户量身定制的特殊金融产品，是"1+17"政策中的到户扶持项目。在放贷对象方面，陇南坚持"三优先"原则：优先向当年计划脱贫的贫困户发放贷款；优先向有劳动能力、有贷款意愿、有致富项目、有偿还能力的贫困户发放贷款；优先向已经与专业合作社（龙头企业）达成带贫意向、签订入股协议的贫困户发放贷款，引导贫困户以贷款入股经营。"三优先"的目的就是让贷款变成农民致富的"种子"而不是"口粮"。对于无经营能力但又有贷款需求的贫困户，陇南按照"量化到户、股份合作、入股分红、滚动发展"的方式，与扶贫龙头企业、农民专业合作社建立利益联结，用获得的小额信贷资金参与扶贫特色产业建设，使贷款作用最大化。

二 产品结构

精准扶贫专项贷款工程实施期限为2015~2017年，总规模400亿元。贷款对象是建档立卡的贫困农户。贷款额度每户1万~5万元，期限1~3年，财政和银行共同出资建立风险补偿基金，银行对农户免抵押、免担保，贷款执行国家同期基准利率，按年结息，省财政全程、全额贴息。专项贷款用于发展富民增收产业，不得用于非生产性支出。专项贷款实行规模控制，省财政厅根据省扶贫办提供的全省减贫人口计划，下达三年贷款规模指导计划。

精准扶贫专项贷款是为贫困人口量身定制的专属金融产品，其特点包括以下几个方面。一是对象精准。贷款发放的范围是建档立卡的贫困户。二是信用贷款。不需要抵押，也不需要担保。三是条件优惠。银行执行国家同期基准利率，省级财政全额贴息。贷款利息按年结算，惠及农户，全国少有。四是使用方便。资金用途由贷款户自主选择，贷款期限在3年内也由农户自主选择，留有较大的选择空间。五是成本更低。"双联农户贷"县级财政要按贷款额的20%安排担保资金，精准扶贫专项贷款省级和县级财政只按贷款额的 1.75% 安排风险补偿资金，放大效应十分明显，放大效果达到 58 倍。

第四章

文池村金融扶贫效果

第一节　农户家庭增收效果

有研究发现，只要信贷成为可能，这些工具和其他的扶贫工具可以帮助人们更好地改善家庭、管理企业、提高产量，并增加其收入。[1] 还有研究指出，在信息足够对称的情况下，所有的结果都表明小额信贷在成员的收入、财产和生活的安定方面均起到了非常重要的改善和提升功效。而对那些善于利用扶贫

---

[1] Marguerite Robinson, "The Microfinance Revolution: Sustainable Finance for the Poor," *General Information* 41(2003): 781–783.

项目且能够更好地进行投资的人而言,效果则更加明显。①

小额信贷能使贫困者保护和增加他们的收入来源,这是他们摆脱贫困和饥饿的基本途径。借小额贷款捕捉商机、为孩子付学费或者是填补现金流的缺口是迈出打破贫困循环的第一步。同样,贫困家庭会使用一个安全、便利的储蓄账户积累足够的现金,以便扩大进货,或者能够修理漏雨的屋顶、支付卫生保健费用,或送更多的孩子上学。小额信贷也可以帮助贫困家庭渡过经常威胁到他们日常生存的危机。贷款、储蓄和保险帮助消除收入波动,并保持歉收时期的消费水平。而且小额信贷还在应对突如其来的紧急情况、经营风险、季节性萧条,或者诸如洪水和死亡等足可使一个可怜的家庭陷入贫困的一系列事件时,扮演着一个缓冲器的角色。各种各样的研究,无论是定量的还是定性的,都证明了小额信贷客户收入和资产的增加及其脆弱性的降低。②

---

① J. Robinson, "Children and Participatory Appraisals: Experiences from Vietnam," *Special Issue on Children's Participation* 25(1996).

② Elizabeth Littlefield, Jonathan Murduch, and Syed Hashemi, "Is Microfinance an Effective Strategy to Reach the Millennium Development Goals?" *CGAP Focus Note* 24 (2003).

Barnes 的研究表明，1997 年小额信贷客户的收入明显比非客户要高，1999 年这一差别在统计上虽然不再显著，但是，长期客户仍然收入最高。[①]在印尼，BRI 的贷款客户收入增长 12.9%，而对照组的收入仅增长 3%。在龙目岛，BRI 的贷款客户的平均收入增长 112%，90% 的贫困户脱贫。Chen 和 Snodgrass 发现，将借款用于自我发展的客户和没有借款但是在 SEWA 存款的人进行对比，结果是借款客户的收入比存款客户高 25%，再与非客户对比，结果是借款客户的收入比非客户高 56%，存款客户的收入也比非客户高 24%。这个结果说明，微型金融（包括储蓄和贷款）是非常有效的。[②]

玻利维亚 CRECER 客户的 2/3 在加入项目后增加了收入。而且，客户称一年中他们能"平滑消费"是收入来源多样化和批发购买食品的结果。86% 的客户说他们的储蓄增加了，78% 的客户在参加项目之前

[①] Carolyn Barnes, "Microfinance Program Clients and Impact: An Assessment of Zambuko Trust, Zimbabwe," *USAID-AIMS Papers* (2001).

[②] Martha A. Chen, and Donald Snodgrass, Managing Resources, *Activities, and Risk in Urban India: The Impact of SEWA Bank* (Washington, D.C.: AIMS, 2001),pp.278–302.

没有任何储蓄。①

在另一项对加纳"免受饥饿"项目的客户研究中，Mknelly 和 Dunford 发现，项目客户收入增加 36 美元，而非项目客户只增加了 18 美元。客户显著地拓宽了他们的收入来源。80% 的客户拥有第二种收入来源，而拥有第二种收入来源的非客户比例只有 50%。②

在文池村的调查中发现，就收入方面而言，63.54% 的贷款户表示自己的经济地位和经济能力得以提升，51.28% 的贷款户表示参加小额信贷项目增加了家庭收入，对于增加了的收入，42.16% 的贷款户用于生产，31.26% 的贷款户用于消费，11.67% 的贷款户用于储蓄。

---

① Anton Simonwitz, *Appraising the Poverty Outreach of Microfinance: A Review of the CGAP Poverty Assessment Tool (PAT)* (Brighton, UK: Imp-Act, Institute of Development Studies, 2002).

② B. Mknelly, and C. Dunford, "Impact of Credit with Education on Mothers and Their Young Children's Nutrition: Lower Pra Rural Bank Credit with Education Program in Ghana," *Theoretical & Computational Fluid Dynamics* 27(2000): 865-883.

第二节　生产和消费结构改善效果

研究发现，每借给妇女1塔卡，导致每个家庭户支出增加0.18塔卡。Khandker、Gibbons和Meehan在对孟加拉国的研究中发现，"1991~1992年和1998~1999年，在人均收入、人均消费以及家庭净资产等方面，小额信贷的参与者都优于非参与者"。[1] 1997~1999年，津巴布韦的食物支出呈下降趋势。原因也许是采取了现金管理战略来应付生活费用的上升。可是，对于极端贫困的客户家庭来说，参加Zambuko Trust项目，对高蛋白质食物的消费产生了积极的影响。[2]

在文池村的调查中发现，31.82%的贷款户表示参加小额信贷项目改善了住房条件，45.45%的贷款户表示生活设施因此得到改善。支出方面，81.68%

---

[1] S. R. Khandker, *Fighting Poverty with Microcredit: Experience in Bangladesh* (New York: Oxford University Press), pp. 1–241; David S. Gibbons, and Jennifer W. Meehan, "The Microcredit Summit's Challenge: Working Towards Institutional Financial Self-Sufficiency While Maintaining a Commitment to Serving the Poorest Families," *Journal of Microfinance* 1(1999): 131–192.

[2] Carolyn Barnes, "Microfinance Program Clients and Impact: An Assessment of Zambuko Trust, Zimbabwe," *USAID-AIMS Papers* (2001).

的贷款户表示参加小额信贷项目增加了家庭支出。其中，64.25%的贷款户表示增加了生活性支出，71.03%的贷款户表示增加了生产性支出。

第三节　农户人力资本水平提高效果

作为一个经济学概念，"人力资本"（Human Capital）是美国经济学家舒尔茨于1960年提出的，他认为"和体现于物质产品上的物质资本一样，人力资本体现于劳动者身上，是通过投资形成并由劳动者的知识、技能和体力（健康状况）所构成的资本"。[1]

从长期看，人力资本的形成被认为是减贫的有效工具。[2]但是，尤其是在发展中国家的农村地区，获

---

[1] 〔美〕西奥多·W.舒尔茨：《论人力资本投资》，北京经济学院出版社，1990。

[2] T. W. Schultz, "Investment in Human Capital," *American Economic Review* 51(1961): 1–17; Mark Bils, and P. J. Klenow, "Does Schooling Cause Growth?" *American Economic Review* 90(2000): 1160–1183; Alan B. Krueger, and M. Lindahl, "Education for Growth: Why and for Whom?" *Journal of Economic Literature* 39(2001): 1101–1136.

得教育的机会有限的。[1] 事实上，小额信贷可以通过多种渠道来影响人力资本的形成。小额信贷通过提高家庭收入进而改善营养、居住环境、健康状况、入学率以及减少有害的劳动来增加孩子的福利。

一 教育

全世界的穷人在使用来自小额信贷的收入时，首要的一件事就是投资他们孩子的教育。研究表明，小额信贷客户的孩子更有可能接受学校教育并且学习时间更长。在客户家庭中，学生辍学率是相当低的。为了支持这个首要权利，许多小额信贷项目正在开发，特别是给教育量身定制新的贷款和储蓄产品。[2]

第一，收入水平影响受教育程度这一观点已被广泛认同。[3] 小额信贷使贫困家庭收入增长的程度会影响对学校教育的需求（收入效应）。

---

[1] Carolyn Barnes, "Microfinance Program Clients and Impact: An Assessment of Zambuko Trust, Zimbabwe," *USAID-AIMS Papers* (2001).

[2] Elizabeth Littlefield, Jonathan Murduch, and Syed Hashemi, "Is Microfinance an Effective Strategy to Reach the Millennium Development Goals?" *CGAP Focus Note* 24 (2003).

[3] J. R. Behrman, and J. C. Knowles, "Household Income and Child Schooling in Vietnam," *The World Bank Economic Review* 13(1999): 211-256.

第二,农户对于外部冲击和收入波动的脆弱性影响了他们支付教育成本的能力。缺乏对风险的一般补救措施,比如借贷和保险,导致有限且昂贵的收益平滑策略。[1] 贫困家庭应对风险有不同的方法。他们采取多元化的生产计划以及就业和移民策略来减少暴露于不利的收入冲击的风险,即使这意味着较低的平均收入。[2] 此外,农户还通过多种方式来平滑消费,比如储蓄、变卖资产、让孩子辍学、开展非正式保险以及贷款组合安排。[3] 有研究发现,农户在收入受到冲击时,往往让孩子辍学。[4] 他们发现,季节交替时,农业收入每下降10%,样本中的6个印度村庄儿童上学时间减少5天。获得小额信贷组织(Microfinance Organizations, MFOs)的贷款,特别是获得紧急贷款,可以降低当不利冲击发生时农户

---

[1] A. Deaton, *The Analysis of Household Surveys: A Microeconometric Approach to Development Policy* (The John Hopkins University Press, 1997), pp.201–203.

[2] J. Deaton, "Income Smoothing and Consumption Smoothing," *Journal of Economic Perspectives* 9(1995): 103–114.

[3] Ravi Kanbur, and L. Squire, "The Evolution of Thinking About Poverty: Exploring the Interactions," *Working Papers* 55(1999): 957–963.

[4] H. Jacoby, and E. Skoufias, "Risk, Financial Markets, and Human Capital in a Developing Country," *The Review of Economic Studies* 64(1997): 311–335.

让孩子辍学的概率。获得小额信贷可以增强农户抵御收入冲击的能力,进而影响对教育的需求(风险管理效应)。[①]

第三,许多研究都假设女性比男性更看重儿童教育。[②] 那么,假设对教育的偏好与性别相关,如果小额信贷将资金贷给妇女,就可以改变妇女的家庭地位,从而影响家庭的教育决策,人力资本形成率就会被改变(性别效应)。[③]

第四,未来是不确定的,信息是不完备的,私人贴现率(private discount rates)升高,家庭的教育决策因对新知识的需求而改变(教育效应),并进一步改变对教育价值的看法。效果上,家长教育

[①] Jorge H. Maldonado, Claudio González-Vega, and Vivianne Romero, *The Influence of Microfinance on the Education Decisions of Rural Households: Evidence From Bolivia* (Jorge Higinio Maldonado, 2003), pp.368-391.

[②] Thomas Duncan, "Intra-Household Resource Allocation: An Inferential Approach," *Journal of Human Resources* 25(1990): 635-664; J. R. Behrman, and M. R. Rosenzweig, "Does Increasing Women's Schooling Raise the Schooling of the Next Generation?" *American Economic Review* 92(2002): 323-334.

[③] Jorge H. Maldonado, Claudio González-Vega, and Vivianne Romero, *The Influence of Microfinance on the Education Decisions of Rural Households: Evidence From Bolivia* (Jorge Higinio Maldonado, 2003), pp.368-391.

水平较高会对儿童入学决策产生积极影响,[1]特别是,成人培训项目强调了教育是创收的工具,是生活质量的决定因素,如此可以影响农户对儿童教育的偏好。[2]

第五,越来越多的文献指出,学校教育情况影响了对童工的需求。[3]获得小额信贷使产生额外的生产活动成为可能,如此,直接改变了新扩大的微型企业对童工的需求,间接地改变了儿童护理和农牧业对童工的需求(童工需求效应)。[4]

---

[1] L. A. Lillard, and R. J. Willis, "Intergenerational Educational Mobility: Effects of Family and State in Malaysia," *Journal of Human Resources* 29(1994): 1126-1166.

[2] Jorge H. Maldonado, Claudio González-Vega, and Vivianne Romero, *The Influence of Microfinance on the Education Decisions of Rural Households: Evidence From Bolivia* (Jorge Higinio Maldonado, 2003), pp.368-391.

[3] G. Psacharopoulos, "Child Labor Versus Educational Attainment: Some Evidence from Latin America," *Journal of Population Economics* 10(1997): 377-386; P. Jensen, and H. S. Nielsen, "Child Labour or School Attendance? Evidence from Zambia," *Journal of Population Economics* 10(1997): 407-424; H. A. Patrinos, and G. Psacharopoulos, "Family Size, Schooling and Child Labor in Peru: An Empirical Analysis," *Journal of Population Economics* 10(1997): 387-405; Carolyn Tuttle, "The Policy Analysis of Child Labor: A Comparative Study by Christiaan Grootaert; Harry Anthony Patrinos," *Industrial & Labor Relations Review* 54(2001):376-377.

[4] Jorge H. Maldonado, Claudio González-Vega, and Vivianne Romero, *The Influence of Microfinance on the Education Decisions of Rural Households: Evidence From Bolivia* (Jorge Higinio Maldonado, 2003), pp.368-391.

孟加拉国一个 BRAC 地区纵向的研究表明，成员家庭中，11~14 岁的年龄段中具有读、写、算术基础能力的孩子占比从 1992 年项目开始之初的 12% 增加到 1995 年的 24%。非成员家庭中，1995 年仅有 14% 的孩子能够通过教育资格能力考试。[1]

托德在 1996 年对一个拥有乡村银行的村庄进行了人类学的研究，他指出乡村银行会员家庭的孩子相对于非会员家庭的孩子具有更高的教育水平。在乡村银行会员家庭中几乎所有的女孩都受到一些学校教育，而在对比组中这个比例是 60%；81% 的男孩去上学，而在非乡村银行会员家庭中这个比例为 54%。还有相关研究显示，信贷项目参与者的孩子受教育水平较高，在统计上乡村银行会员家庭中女孩的受教育率更高。[2]

"拯救儿童"组织对不同小额信贷项目的研究表

---

[1] Amr Chowdhury, and A. Bhuiya, *Do Poverty Alleviation Programmes Reduce Inequities in Health? The Bangladesh Experience (*Poverty Inequality & Health An International Perspective 2001), pp.1-2.

[2] S. R. Khandker, *Fighting Poverty with Microcredit: Experience in Bangladesh* (New York: Oxford University Press), pp. 1-241; David S. Gibbons, and Jennifer W. Meehan, "The Microcredit Summit's Challenge: Working Towards Institutional Financial Self-Sufficiency While Maintaining a Commitment to Serving the Poorest Families," *Journal of Microfinance* 1(1999): 131-192.

明，在洪都拉斯，客户通过参加信贷和储蓄项目增加了他们的收入和可用的资源。[1]这些财富可使他们送更多的孩子上学，降低学生的辍学率。

在乌干达，一项USAID-AIMS指导的有关小额信贷效果的研究表明，客户家庭比非客户家庭在教育上投资更多。微型企业的收入对于过半数客户家庭孩子的教育投资是非常重要的。客户比非客户更有可能为非家庭成员负担学费。它的含义在于，要让孤儿和感染艾滋病的家庭的孩子受到教育。[2]

Barnes对津巴布韦Zambuko Trust项目客户的研究发现，该项目1997~1999年对6~16岁男孩的入学率有积极的影响。同期，6~16岁女孩的入学率下降，她们很可能由于要照顾病人而退学。重复贷款者的数据表明，连续的贷款增加了让客户6~21岁的孩子留在学校学习的可能性。[3]

在（印度一地区）工人的孩子中，11~17岁的

---

[1] R. Marcus, B. Porter, and C. Harper, *Money Matters Understanding Microfinance* (London: Save the Children, 1999).

[2] Carolyn Barnes, "Microfinance Program Clients and Impact: An Assessment of Zambuko Trust, Zimbabwe," *USAID-AIMS Papers* (2001).

[3] Carolyn Barnes, "Microfinance Program Clients and Impact: An Assessment of Zambuko Trust, Zimbabwe," *USAID-AIMS Papers* (2001).

女孩入学率为55%，而男孩为65%。1997~1999年，印度自我就业银行贷款对男孩的中等教育入学率产生了积极的影响，男孩的中等教育入学率一度攀升到70%。可是，印度自我就业银行与女孩中等教育或者男孩和女孩初等教育的入学关系不大。[①]

在文池村的调查中发现，59.09%的贷款户表示更加关注子女教育，72.73%的贷款户表示自己和家人的人力资本也有所提升。

二 营养健康和医疗卫生

许多学者的研究表明，小额信贷改善了穷人，特别是儿童的营养和健康状况。[②] 众所周知，综合小额信贷机构通过开展艾滋病认知和营养卫生课程，提高

[①] Martha A. Chen, and Donald Snodgrass, *Managing Resources, Activities, and Risk in Urban India: The Impact of SEWA Bank* (Washington, D.C.: AIMS, 2001), pp.278–302.

[②] S. R. Khandker, *Fighting Poverty with Microcredit: Experience in Bangladesh* (New York: Oxford University Press), pp. 1–241; David S. Gibbons, and Jennifer W. Meehan, "The Microcredit Summit's Challenge: Working Towards Institutional Financial Self-Sufficiency While Maintaining a Commitment to Serving the Poorest Families," *Journal of Microfinance* 1(1999): 131–192.

了授课对象的营养和健康水平。参加小额信贷可以提高参与者的收入，参与者可以获得更多的医疗卫生服务和更多的营养品，由此，小额信贷间接地改善了参与者的营养和健康水平。

总体来说，疾病是贫困家庭最严重的危机。死亡、生病无法工作以及相关的医疗支出会耗尽收入和储蓄。这些会导致贫困家庭变卖资产和陷入负债。对于小额信贷客户，生病经常是不能够还款的主要原因。小额信贷客户家庭与可比较的非客户家庭相比，显示出更高的营养水平、更好的保健措施和更佳的健康状况。大规模、更稳定的收入通常会带来更好的营养水平、生活条件和疾病预防。收入增加和有权管理金融资产会使客户迅速地应对健康问题，而不至于使状况恶化。伴随着金融服务，一些小额信贷机构也提供健康教育，通常是以简单预防性保健信息为主，内容包括免疫、安全饮用水以及新生儿出生前后保健知识等。一些项目还为用水、卫生设施以及住宅提供信贷产品。一些小额信贷机构还促成了与保险提供者的合作关系以此供给健康保险，这样的机构数量正在增加。目前还没有小额信贷和安全饮用水及卫生设施改善之间关系的研究。但是，有很好的证据证明源自获得金融服务的收入增加会导致对改善住房、用水以及卫生设施的投资，这些反过来会提高人们的健康水平。许多小额信贷项目专门为建地下水的开采井和厕所提供贷款。①

在文池村的调查中发现，45.45%的贷款户表示改善了家庭饮食结构，45.45%的贷款户表示全家的身体健康状况得到了改善。

第四节 农户社会地位提升和妇女赋权效果

小额信贷项目培养了借款人的信用意识，精神面貌明显改变，自我发展意识及能力都得到了提高。这是其他金融机构替代不了的。很多由非政府组织提供的小额信贷还伴随技术培训，对提高借款户的技术能力和农业生产力产生了积极影响。此外，强调妇女优先的小额信贷机构或项目（如 GB）对妇女的影响尤

---

① Elizabeth Littlefield, Jonathan Murduch, and Syed Hashemi, "Is Microfinance an Effective Strategy to Reach the Millennium Development Goals?" *CGAP Focus Note* 24 (2003).

为显著。贷款使妇女参与社会活动和家庭经济活动的机会增多，发言和做决定的机会因而增多，这增强了她们发展的信心与动力。由于贷款为家庭带来了经济收入，妇女在家庭中的地位也得到了提升。妇女的改变带来家庭生产、生活能力和社区发展组织能力的变化。

传统上，由于妇女缺乏创收机会，没有经济收入，或者公共领域参与程度低，所以被认为是从属于男性的。小额信贷是妇女获得创收机会、经济收入以及参与公共领域的途径。小额信贷可以促进性别平等和妇女赋权，从而对实现第三个千年目标起到关键作用。[①] 要消除极度贫困，必须赋权给妇女，改变她们已被边缘化的社会地位。小额信贷给那些想要掌握自己人生的妇女提供了创收机会。聚焦于妇女赋权的减贫战略不仅提高了妇女的生活水平，也给整个家庭和社会带来了积极影响。[②] 2004年在上海举办的世界银行全球学习会议肯定了小额信贷的影响，"研究表明，小额信贷项目积极地影响了妇女在家庭中的决策权，

[①] Susy Cheston, and Lisa Kuhn, "Empowering Women Through Microfinance," in Sam Daley-Harris, eds., *Microcredit Summit Campaign* (Kumarian: Bloomfield, CT, 2002), pp.268-284.

[②] Justce Y. M. Ahorlu, "The Contributions and Challenges of Credit Unions in Ghana: A Case Study of Selected Credit Unions in Ho," 2009.

促进了婚姻稳定，提高了对资源和资金的控制力。分析指出，妇女对家庭收入贡献度是影响妇女权利的重要因素"。通过借贷而开始的微型经营使妇女开始支撑家庭收入并参加公共领域，还给妇女提供了创收条件和教育机会。此外，儿童的营养、健康以及教育在妇女支撑家庭收入时比男性支撑时有明显改善。当妇女参与小额信贷项目时，贫困程度往往大幅下降。不同地区的小额信贷项目都报道过，妇女客户在决策方面的作用已经增加了。根据尼泊尔的"妇女赋权项目"，68%的成员自己决定买卖财产，送她们的女儿上学，协商她们孩子的婚事以及规划她们的家庭。这些决策传统上都是由丈夫做出的。世界教育项目（把教育和金融服务联系起来）发现妇女在确保女孩平等地获得食物、教育和医疗保健方面具有重要的地位。通过参与项目，被菲律宾的TSPI称作家庭资金主要管理者的妇女占比从33%增加到51%。在对照组中，仅31%的妇女是资金主要管理者。[①]

玻利维亚和加纳"免受饥饿"项目研究的结论

[①] Susy Cheston, and Lisa Kuhn, "Empowering Women Through Microfinance," in Sam Daley-Harris, eds., *Microcredit Summit Campaign* (Kumarian: Bloomfield, CT, 2002), pp.268-284.

是，妇女通过参加项目增加了自信、提高了在社区中的地位。加纳的项目参与者在社区生活和社区礼仪上扮演了更加积极的角色，而玻利维亚的项目参与者在本地政府中作用活跃。[1]

一份对孟加拉国1300名客户和非客户的调查表明，参与项目的客户比非客户在以下方面更有能力：人员的流动性，拥有和控制生产性资产（包括土地），决策以及政治法律意识等。这些方面的优势随着成员资格期限的延长而增加，效果显著。该研究也表明在一些案例中项目参与带来家庭暴力的增加。可是，随着时间的推移，男人和家庭逐渐接受了妇女的参与，这最终会导致暴力的减少。[2]

Naila的研究发现，在小额信贷项目中，从个人层次上来看，变化发生在认识到自身的价值。而在家庭层次上，发现在绝大多数案例中凭借对财力增加的贡献，妇女会使家庭的紧张氛围缓解和暴力水平下

---

[1] B. Mknelly, and C. Dunford, "Impact of Credit with Education on Mothers and Their Young Children's Nutrition: Lower Pra Rural Bank Credit with Education Program in Ghana," *Theoretical & Computational Fluid Dynamics* 27(2000): 865–883.

[2] Syed Hashemi, Sidney Schuler, and Ann Riley, "Rural Credit Programs and Women's Empowerment in Bangladesh," *World Development* 24(1996): 635–653.

降。随着参加项目的时间增长，妇女对家庭的爱和贡献会增加。①

对小额信贷客户赋予政治权利的影响，如参加政治动员或者是竞选政府职位，还没有进行过充分的论证。可是，这样的例子有很多。在菲律宾，"小额信贷机遇银行"项目的妇女客户曾被选入本地的政府部门。玻利维亚的CRECER、尼泊尔的CSD、孟加拉国的乡村银行和BRAC以及世界教育（World Education）项目，都称它们的客户有参与竞选政府要职的，也有成功的。俄罗斯的FORA项目在俄罗斯的大选中还组织了一个民主竞选活动。而印度自我就业银行和劳动妇女论坛（Working Women's Forum）的成员已经组织起来，去为非正式女工争取更高的工资和更多的权利，去解决邻里纠纷，去倡导法律变革。

在文池村的调查中发现，40.91%的贷款户表示参加小额信贷项目提升了自己的社会地位。女性贷款户中，有83.65%的贷款户表示参加小额信贷项目提升了自己的家庭地位。

---

① Kabeer Naila, *Money Can't Buy Me Love? Re-Evaluating Gender, Credit and Empowerment in Rural Bangladesh* (Institute of Development Studies,1998), pp. 618–639.

第五章

农户金融需求的影响因素分析

第一节 分析方法、数据与变量

一 分析方法

本章主要采用 Probit 模型估计。根据观察点的数据，农户有两种决策：选择（$M=1$）和不选择（$M=0$）。而影响选择决策的因素是多方面的，如家庭收入、家庭支出、财产、文化程度等，所以我们用一组向量 x 来解释选择决策的形成。运用 Probit 模型，有

$$\lim_{\beta x \to +\infty} \operatorname{Prob}(M=1)=1$$

$$\lim_{\beta x \to -\infty} \operatorname{Prob}(M=1)=0$$

其中，β 为待估参数。由于该模型使用的连续概率分布函数为正态分布函数，所以有

$$\operatorname{Prob}(M=1)=\int_{-\infty}^{\beta x} \phi(z)\mathrm{d}z = \phi(\beta x)$$

二 数据与变量

（一）数据与被解释变量

为了保证有足够的样本量，本研究在文池村进行了关于农户信贷状况的整村全户调查，本次调查共获得样本 120 个。对于农户选择小额信贷的设定，我们将贷款户的数据赋值为 1，非贷款户赋值为 0。

（二）解释变量和预期变动方向

从理论上分析，影响农户小额信贷需求的主要因素应包括农户借贷利率、与未来预期收入相关的农户

人口特征、资源禀赋状况、农户收入情况、支出情况以及其他途径借款或贷款的可获得性（见表5-1）。

表5-1 主要解释变量

变量名称	描述	类型	预计变动方向
C	常数项	—	-
x_1	当地小额信贷年利率	连续型自变量	-
x_2	家庭类型	多分类有序自变量	+
x_3	家庭劳动力人口	连续型自变量	-
x_4	农业收入	连续型自变量	+
x_5	工资性收入	连续型自变量	+
x_6	非农业经营性收入	连续型自变量	+
x_7	生产经营性支出	连续型自变量	+
x_8	生活消费性支出	连续型自变量	+
x_9	土地经营规模	连续型自变量	-
x_{10}	家庭净资产	连续型自变量	-
x_{11}	户主学历	多分类有序自变量	+
x_{12}	户主年龄	连续型自变量	-

1. 借贷利率

借贷利率是信贷资源的价格，是农户选择小额信贷的成本之一，根据一般的市场机制，当地小额信贷年利率与农户的借贷需求应具有负相关关系，即在其他条件不变的情况下，借贷利率越高，农户需求程度越低。

2. 人口特征因素

小额信贷机构通常会考察家庭类型、家庭劳动力人口、户主年龄和学历等人口特征因素。从供给的角度讲,一般认为,干部户和个体工商户拥有更多的资源,在当地也建立了良好的人际关系,因此对信贷供给的影响为正;家庭劳动力人口越多,家庭收入来源越多、总额越大,获得其他借贷资金的途径越多,对信贷资金需求越小;随着户主学历的提高,农户受到正规信贷约束的可能性下降。从需求的角度讲,干部户和个体工商户从事生产经营活动的规模相对较大,因此对信贷的需求也较大,然而,随着年龄的增加,农户可能放弃信贷,而对于户主学历较高的农户来说,由于其更有可能开发更好的经营项目,助力家庭创收,从而更加需要信贷。综上所述,家庭类型兼业越多,户主学历越高,越有可能选择小额信贷;家庭劳动力人口越多,户主年龄越大,选择小额信贷的可能性越小。

3. 资源禀赋因素

资源禀赋和收入都是贷款者判断农户还款能力的良好指标,特别是对于商业性小额信贷机构而言,农户资产越多、收入水平越高,其获得贷款的可能性越大。而在考察当前资源禀赋状况的时候,选用农户家庭净资产(家庭净资产=住房价值+耐用品价值+生产经营性资产价值+现金+存款-负债）和土地经营规模作为解释变量。资源禀赋情况反映了农户对生产投资和生活开销的支付能力，也意味着他们有用于抵押和担保的资产，有从其他渠道得到贷款的能力，因此，农户的资源禀赋状况对农户的借贷需求具有负向影响，资源禀赋越多，农户的借贷需求就越小，农户发生借贷的可能性就越小。

4. 收入因素

需要特别指出的是，为进一步揭示农户家庭经济活动的变化对农户生产需求的影响，我们将农户经济收入分成农业收入、工资性收入和非农业经营性收入。调查表明，一是随着贫困地区外出务工人数的逐渐增多，工资性收入已逐渐成为被调查地区农户家庭收入的重要来源，每月稳定的现金流让他们有能力每月偿还等额本金，而事实上这样的偿还方式对于贫困地区的农户来说更适合他们的收入结构；二是从事自营工商业的农户自有资金不足以满足其投资需求，也增加了其对贷款的需求。

5. 支出因素

支出作为家庭重要的经济活动，对农户家庭借贷活动有着不可或缺的影响，而农户支出又可分为生活消费性支出和生产经营性支出两部分。农户日常生活（衣、食、住、行）支出对农户借贷需求应不具有明显影响，但对于低收入农户，基本生活支出仍可能对农户借贷规模产生正向影响。农户文化教育、医疗卫生等大额现金支出会对农户借贷需求具有正向影响。农户的生产经营性支出，特别是生产性现金支出的规模对农户借贷需求具有正向影响，即农户的生产性现金投资规模越大，农户对借贷资金的需求也越大，农户发生借贷的可能性和借贷的规模也会越大，相应地，农户的小额信贷需求也越大。

第二节 估计结果及讨论

一 估计结果

从模型估计结果来看（见表5-2），家庭类型、当地小额信贷年利率、农业收入、工资性收入、生活消费性支出、生产经营性支出，以及家庭净资产通过了显著性检验，其他解释变量没有通过显著性检验。

表 5-2　模型估计结果

解释变量	系数	Z 值
常数项	0.6842	0.5148
当地小额信贷年利率	0.5129	−2.568**
家庭类型	0.2357	2.4268**
家庭劳动力人口	−0.2458	−0.8612
农业收入	0.6483	2.5364**
工资性收入	0.3157	1.9337*
非农业经营性收入	0.0642	1.6851
生产经营性支出	0.6245	1.9462*
生活消费性支出	0.2019	1.9204*
土地经营规模	−0.1359	−1.2641
家庭净资产	−0.0675	−1.7629*
户主学历	0.0359	0.0264
户主年龄	−0.0198	−0.4267
观测值数		120
McFadden R-squared		0.4937

注：*、** 和 *** 分别表示在 10%、5% 和 1% 的水平上显著。

二　进一步的讨论

（一）通过检验的正向影响因素

从方程的估计结果来看，家庭类型正向影响农户的小额信贷需求，这说明，农户的贷款需求与家庭类型呈正相关关系。对此的解释是，干部户和个体工商户，或者家庭兼业多的农户，经营规模越大，对信贷资金的需求越大，而这种资金需求依靠自身积累或者亲朋好友借款很难解决，因此常常需要贷款。

农业收入正向影响农户的小额信贷需求，这说明农业收入对小额信贷不具有替代作用，当地农户需要通过小额信贷来满足农业生产的资金需求。在调研中我们发现，从事养殖业的农户在当地往往属于收入上等户，同时，他们的经营需要大笔流动资金，常常需要贷款，而事实上，小额信贷机构将他们视为具有良好经营项目的农户，确实支持了农户的养殖经营。

工资性收入正向影响农户的小额信贷需求，这说明工资性收入对小额信贷不具有替代作用。相反，工资性收入对贷款农户来说形成了稳定的现金流，为按期还款提供了物质保证。

生活消费性支出和生产经营性支出正向影响农户的小额信贷需求，这说明消费作为农户重要的经济活动，对农户借贷活动有着重要影响。调研中发现，生活消费性支出与农户贷款需求呈正相关关系，对此，我们的解释是，生活支出（尤其是婚丧嫁娶、教育医疗以及建房支出）对于大部分农户而言不仅数额较大，而且需求大多是刚性的，而这种资金需求依靠自身积累或者亲朋好友借款也很难解决，因此往往有借贷需求。生产经营性支出与农户贷款需求呈正相关关系，对此，我们的解释是，生产经营性支出往往每笔金额都相当大，很难通过无息借款获得，因此，这部分农户有借贷需求。

（二）通过检验的负向影响因素

当地小额信贷年利率对农户小额信贷需求影响为负，这与调研统计结论中样本农户认为利率是小额信贷最应该改善的方面之一是一致的。利率越高，农户借贷成本越高，农户往往倾向于无息借款或者其他低息贷款，降低了选择小额信贷的可能性。

家庭净资产对农户小额信贷需求影响为负，也就是说，相对于净资产少的农户来说，净资产多的农户选择小额信贷的可能性小。对此，我们的解释是，净资产多的农户，往往是农村的收入上等户，他们的资金需求量较大，小额信贷的贷款上限往往不能满足他们的生产经营活动需求，而且，较多的净资产使他们拥有较强的偿还能力，因此，他们更倾向于选择从信用社、私人放贷者等其他渠道获得规模较大的抵押/担保贷款。而净资产较少的农户没有更好的抵押物，因此选择小额信贷机构的户户联保贷款或信用贷款。

（三）未通过检验的解释变量

除了以上7个解释变量以外，家庭劳动力人口、土地经营规模、非农业经营性收入、户主学历以及户主年龄没有通过显著性检验。但是单从系数来看，家庭拥有较多劳动力选择小额信贷的概率相对较小；由于当地农户需要通过小额信贷来满足非农业生产需要的资金，非农业经营性收入较多的家庭选择小额信贷的概率相对较大，在调研中，我们亦发现从事个体工商业、运输业的农户在当地往往属于收入上等户，同时，由于经营需要，他们需要大笔流动资金，常常需要贷款，而事实上，小额信贷机构将他们视为具有良好经营项目的农户，确实支持了农户的非农业生产经营；土地经营规模对农户小额信贷需求影响为负，对此，我们的解释是，土地事实上是农户的资产之一，与净资产相似，较多的耕地使农户拥有较强的偿还能力，因此，他们更倾向于选择从信用社、私人放贷者等其他渠道获得借贷资金；户主学历对农户小额信贷需求影响为正，户主年龄对农户小额信贷需求影响为负，这与之前的预测相符合。

第三节 结论

基于对计量模型的分析，有以下两点发现。

一方面，根据模型估计结果，小额信贷的利息成本显著地负向影响农户对小额信贷的选择，其他借贷途径（在调查中，其他借贷途径通常是亲戚朋友之间的无息借款以及信用社的低息贷款）负向影响农户对小额信贷的选择，特别是农户资产（包括净资产和土地）越多，越有机会获得亲戚朋友之间的无息借款以及信用社的低息贷款，参加小额信贷的可能性越小。这些结果都说明，小额信贷的利率对于农户来说，是参加小额信贷项目的直接成本，成本越高，农户选择小额信贷的可能性越小，对选择小额信贷就越谨慎，当农户认为项目的收益不能覆盖成本时，就会放弃参加小额信贷，退出该市场。因此，对于机构而言，只有不断积累经验，引进新技术，从而降低成本，在保持机构正常的利润空间的前提下，利息才可能被控制在一个合理的水平。

另一方面，不管是农业收入、工资性收入还是非农业经营性收入均对农户的小额信贷需求有正向影响，也就是说，收入对小额信贷不具有替代作用。家庭支出（包括生产经营性支出和生活消费性支出）越多，资金需求越大，因此，参加小额信贷的可能性越大。这说明影响农户需求的重要因素是自身经济水平，农户的脆弱性越大，生产经营项目越少，选择小额信贷的可能性越小。

综上所述，要提高小额信贷对农户的覆盖程度，从供给方面来看，一是要不断积累经验，大胆创新，控制和降低机构的成本，改进原有的贷款产品或者引进和开发新的产品，在保证合理的利润空间、维持财务可持续的前提下，调整产品的利率结构和期限结构，以满足农户不同类型的资金需求，尽量减少产品对农户的排斥；二是增加小额信贷供给途径（如增加机构数量）虽然有可能降低单个机构的覆盖程度，但是有利于扩大当地的总体覆盖面。从需求方面来看，小额信贷覆盖程度低并不代表农户没有需求，生产经营方面，他们由于没有合适的项目，所以对小额信贷这种有成本的贷款自我排斥。生活方面，农户即便有需求，但是没有稳定的收入来源，也无法做出有效的还款承诺。因此，降低农户的脆弱性，一方面要增加农户外出打工渠道和收入，另一方面要增强其生产经营能力，让农户拥有更多好的经营项目（包括农业项目和非农业项目），培育和挖掘农户的信贷需求是提高小额信贷覆盖程度的根本出路。

第六章

"文池模式"经验总结和政策建议

第一节 "文池模式"经验总结

一 充分的市场竞争是提高小额信贷瞄准精度的前提保证

第一,农户之间对信贷资源是竞争的,影响瞄准精度的因素主要是资源的供给量和产品的针对性。在产品种类单一、资源匮乏、竞争不充分的市场上,优质客户的需求会被优先满足,较脆弱客户很可能被排斥出市场。

第二，小额信贷的瞄准精度取决于信贷机构的数量。因为信贷市场供给主体数量越多，信贷供给规模越大，竞争也越充分，信贷机构更可能在不同层级的需求主体中、不同的地域里开展业务，充分的竞争扩大和提高了覆盖广度和深度。而且随着时间的推移，市场竞争越充分，机构的技术越成熟、经验越多，产品的种类越丰富，那么，市场越活跃，穷人和非穷人才更可能共存于市场，市场上存在的客户类型就越多，覆盖越广和深度越高，越能触及贫困，瞄准精度就越高。

第三，竞争促使机构加快金融创新。一是创新有利于信贷产品品种的不断丰富，农户在获得信贷资金的同时，拥有更大的选择空间；二是创新有利于降低农户的信贷成本，机构在业务创新中，降低风险控制以及贷前贷中调查等成本，进而降低贷款利率；三是创新有利于机构提高风险控制水平，在扩大服务范围的同时，保证较为稳定的财务可持续性。

在我国，促进机构间竞争，首先要放宽市场准入。过于严格的市场准入机制增加了小额信贷机构的成本，不利于我国小额信贷机构数量和规模的增加和扩张，小额信贷资源总量受到限制，依然无法增加市场竞争，不能解决供需矛盾，农村信贷市场空白依然无法填补。其次，要保证灵活的利率制度，从而给小额信贷创新提供更加广阔的空间，机构可以通过降低成本，调整利率，保证高风险客户业务给机构带来的盈利。

二 机构间的有效沟通与合作是提高覆盖深度的有效手段

如果说竞争是促进农村金融机构转变经营机制、完善法人治理结构和提高服务效率的有效措施，那么合作就是保证竞争机制充分形成的前提条件，也就是说，没有合作机制就不会产生有效竞争机制。

现实中，由于其历史、资本结构、治理结构以及设立初衷等方面的因素，不同的小额信贷机构对风险的态度是不一样的。有的机构偏好稳健经营，在开展业务时，专注于固定的客户群，特别是风险小的富裕人群，只要此类客户没有被其他机构抢夺，就不轻易开发新客户，特别是风险较高的低收入人群。有的机构具有开拓精神，敢于承担风险，有较好的风险经营能力，不满足于固定的客户群，勇于尝试，大胆创新，以便挖掘各层次人群的有效需求。瞄准精度的提高依赖于信贷市场供给主体之间的信息传递。供给主体数量越多，信息传递就越充分，某类型的信贷机构可以通过信息传递将自己目标以外的客户信息传递给适合的信贷机构，如果是从风险规避型信贷机构传递给开拓型信贷机构，那么既扩大了覆盖广度，也提高了覆盖深度。调研中发现，文池村互助资金项目运作过程中，2015~2016年两年内已把一部分自身无法经营的业务客户（如申请金额较大、风险较高的客户）介绍给了信用社，实现了帕累托改进。这样的客户两年内合计约30户，其中80%以上在互助资金协会的推荐下从信用社获得了贷款。

因此，一方面，要从机构本身和政府等各个方面积极促进机构间，特别是同一地区小额信贷机构间的信息交流与合作。各类机构之间优势互补，实现信息的多向传递，不仅能够扩大农村地区信贷的总体覆盖面，也能提高覆盖深度，使更多的脆弱人群进入小额信贷机构服务范围之内。另一方面，各机构要建立良好的客户反馈机制，让农户可以随时向机构传达自己对产品和服务的意见和建议,包括对产品、服务质量、培训等多方面的反馈,同时,机构可以根据反馈信息和现实条件,及时调整与完善,实现小额信贷机构自下而上的管理方式。

三 灵活的利率是机构间技术传递的基础

要增加机构数量首先要降低机构的成本,包括进入市场的成本和操作成本等。由于机构的成本是随着时间等多种条件的变化而变化的,所以利率也应该是灵活可变的。商业性小额信贷机构贷款利率的设定必须能够覆盖资金的成本、贷款的损失和经营的成本。专业小额信贷机构可能会因为贷款收益无法覆盖成本而难以为继,银行可能会因为无法盈利而放弃从事面向穷人的信贷业务,这将加大低收入人群的融资难度。事实上,客户是可以承受合理的高利率的,公平交易规则应由市场来确定。灵活的利率给小额信贷机构一个信息——给予穷人的信贷是有利可图的,告诉小额信贷机构穷人中存在获利机会的信息。起初,对稳健型小额信贷机构吸引力小,对具有开拓精神的小额信贷机构吸引力大并通过创新开始尝试靠近真正的穷人，从而获得相应的商业利润，这种创新成功后，技术方法等信息再传递给稳健型小额信贷机构。因此，在灵活的利率政策下，除了客户信息的传递之外，机构之间还存在技术传递。

四 制度、产品和人力资源的本土化是机构降低风险、提高效率的有效途径

在制度创新竞争中，制度引进是一种有效手段，离交易越近的组织越应尽量民间化、市场化、内生化，规避制度竞争中政府介入存在的"路径依赖"导致政府不愿适时被替代和内生组织外生化等风险。产权主体通过制度的变迁或创新进行制度竞争，但是，引进的制度也存在水土不服问题，所以必须对制度的组织体系和交易规则进行本土化创新。[①]产生于20世纪70年代的孟加拉国乡村银行小额信贷模式引入中国是在20世纪80~90年代，如何将其本土化，一直困扰小额信贷理论和实务两个领域，也影响相关制

[①] 孙天琦：《制度竞争、制度均衡与制度的本土化创新——商洛小额信贷扶贫模式变迁研究》，《经济研究》2001年第6期。

度设计。所谓要将 GB 等国外民间组织小额信贷模式本土化，关键是要保障低收入人群发展的需要，摆脱担保制约，推进利率市场化，造就并维持良好的信用环境。所谓要将国外小额信贷的运营模式本土化并取得成功，实际上就是要保证上述内在机理和外在必要条件的充分实现。但由于国外的民间机构与我国的民间机构处在不同的社会制度、思想观念、民族习惯、文化以及宗教信仰的背景之下，将国外小额信贷的运行模式和方法照搬到我国必然会存在很大的障碍和不适。本土化对小额信贷具有以下两方面意义。一方面，本土化有利于小额信贷机构识别和规避风险。简单地说，农村贷款发放者不仅面对一般性问题，还要面对农村居民特性引起的许多额外问题。正确地预测偿还贷款风险是业务经营成功的关键。可通过贷款技术来预测偿还贷款风险。虽然目的是相同的，但是，不同的贷款者选择的贷款技术是不同的。比如，私人放贷者是通过一系列非正式制度来保障贷款偿还，相反地，商业银行则是运用自身的技术通过正式制度来实现贷款偿还。小额信贷机构可以通过农村本土化的社会资源来解决逆向选择与道德风险问题，较好地克服了信息不对称，降低了机构的风险。另一方面，本土化有利于小额信贷机构提高经济和社会效率。地区之间在历史渊源、生活模式以及社会结构等方面存在差异。第一，本土化要求员工主要来自当地，熟悉当地风土人情和文化背景并熟练掌握当地语言，他们掌握了当地农户的家庭背景和生产经营状况，对贷款申请者的品质和还款能力可以最快地做出较为正确的判断。本土化减少了交易费用。第二，本土化要求在引入外来信贷模式的同时，必须按照当地生产周期和生活习惯等情况，适当地调整小额信贷产品特征。即通过调整贷款对象、还款方式、贷款额度等产品特征以及调整抵押担保条件，尽可能地将小额信贷资源分配给低收入人群，促进实现社会公平。第三，本土化要求开发当地人力资源，这样不但为其所在农村提供了大量就业机会，还使得机构的利润留在了农村社区内部，促进了当地农村经济的良性循环。

从本土化的具体内容来说，本土化不仅是指人员、物资的本土化，更是指思维、管理的本土化。利用本土人员对其本土文化和价值观念的了解来缩短企业适应当地文化的时间。[1] 小额信贷的本土化

---

[1] 杨立:《文化壁垒、文化扩张、文化变化——论美国企业在中国的扩张和启示》,《世界经济与政治》2005年第2期。

可以简要划分为三部分，一是制度的本土化，二是物的本土化，三是人的本土化。所谓制度的本土化是指小额信贷制度安排的本土化。小额信贷机构要提供稳定、优质的金融服务，首先要保证自身机构的可持续性，合理的制度安排是基础。所谓物的本土化是指信贷产品的本土化。贷款对象、还款周期、担保方式等都在实践中进行相应的调整。所谓人的本土化是指人力资源的本土化。人的本土化是最根本、最深刻的本土化，使机构的各种行为符合当地经济、文化、政治环境，更好地入乡随俗。同时，与从外部聘请人才相比，本地人才成本低、优势多，既能在机构本土化经营中发挥管理作用，又可以大大加强公众的认同感，提高机构的影响力和竞争力。本地优秀信贷员及管理层更能理解本地居民的实际需求，更能有效地识别出一部分信用好且有需求的弱势人群。

五 有效的激励制度有利于农户获得贷款

在新型农村金融机构中，农村资金互助社是一个研究重点。曲小刚和罗剑朝认为，农村资金互助社的资产、负债、所有者权益、注册资本和存贷规模快速增长，资产质量较好，资本充足，流动性较宽松，盈利能力不断提高。但是，农村资金互助社数量增长缓慢，全国只有16个省、自治区、直辖市设立，分布偏向中西部地区，盈利水平不高。[1]苑鹏和彭莹莹对128家农民专业合作社的调查数据进行分析，指出资金互助更适用于兼业小农。[2]

　　文池村扶贫互助资金协会的占用费管理模式给我国农村资金互助社的发展提供了一些启示，即有效的激励制度有利于农户获得贷款。文池村扶贫互助资金协会的占用费部分地用于村内公益事业、管理办公经费、协会日常管理成本、信贷员开展业务发生的误工补贴，对项目具体执行者来说不仅没有形成额外工作负担，还能获取一定的误工补贴，形成了有效激励，促使项目的执行者有动力开展贷款业务。

---

[1] 曲小刚、罗剑朝：《农村资金互助社：现状、问题、影响因素和对策》，《武汉金融》2013年第5期。

[2] 苑鹏、彭莹莹：《农民专业合作社发展中的青年组织建设问题初探》，《农业经济与管理》2013年第4期。

第二节 政策建议

一 建立竞争性、多元化、多层次的农村金融体系

农村金融应该以商业金融和合作金融为主体，政策性金融发挥辅助作用。农村金融体系应该以市场主体的自组织为支柱。竞争性、多元化的农村金融体系是放开农村金融市场准入和引入市场竞争的结果，而不是政府部门特意设立金融组织的结果。同理，商业金融和合作金融各占多少也是市场竞争的结果，而不是政府部门管制的结果。政府应从促进农村金融机构竞争入手，促使其竞相努力满足农户、农业和非农企业的金融需求，实现"普惠金融"的发展目标。农村正规金融竞争越充分，农户对民间金融的需求就越少，其利率就不会太高。

第一，建立法律框架并运用法律规范金融管理。放宽农村金融机构的市场准入；以核准制替代审批制，并设置最低资本金和其他资质要求，使金融机构和民间金融拥有宽松的生存空间。根据金融机构是否跨地区运作分为中央金融监管当局核准和地方金融监

管当局核准。县域农民资金互助组织可由县金融办核准。只贷不存的贷款公司和小贷公司不必接受审慎监管，封闭性农民资金互助组织不必接受审慎监管。以法律对民间金融运作程序和易导致金融风险的活动做出限制性规定，使之成为低风险的民间理财工具和金融服务工具。禁止目标异化、纯粹是资金操作的民间金融活动。引入信用破产法规。一方面对债务人加以保护，另一方面对债权人财务权利加以限制，保护债务人的人身权不受到肆意侵犯。

第二，发展农村合作金融。合作金融是属于合作组织成员的金融，奉行合作社原则。合作金融的要点是基层社小型化、自组织化，次级社（联社、协会等）由基层社参股组成。基层社发挥主体作用，次级社做基层社做不了的事情，例如法规政策培训、金融技能培训、内部审计，并代表本社成员的利益与政府和其他组织沟通、谈判。合作金融组织可以由县金融部门负责核准，提供指导和监督管理，不纳入审慎监管。合作金融有转为商业金融的倾向。一旦转为商业金融，就应采用商业金融的运作模式。

第三，发展农村商业金融。对源于计划经济体制的金融机构要做好内生化改造，发展县域内自组织的农村金融机构，促进金融机构之间的竞争。农村金融机构的布局应是市场竞争的结果，而不是政府管制的结果。

第四，发展民间金融。民间金融的风险会随着免费义务教育制度、新型合作医疗制度等的完善和个人征信系统的建立而大大降低。对民间金融要以列举不允许其活动的方式界定民间金融的秩序框架和运作空间，以要求其提高透明度、降低风险和提供预警信息等方式对民间金融实行监管，使其保持活力。放宽民间借贷利率的限制。贷款利率先放宽到同期普通银行基准利率的5~6倍，直至取消民间借贷利率上限，改为以合同法来规范当事人的行为。

第五，重新定位政策性金融服务。政策性金融撤离竞争性领域，不与商业金融争利；在建立贷款担保体系、农业保险体系、农村金融组织结算体系、金融服务信息系统等方面发挥作用。政府不在竞争性领域为部分企业和农户提供贴息贷款，以免破坏公平竞争的市场环境。

第六，建设全口径征信系统。建立县域综合性征信中心，所有违规和法院处罚等信息均进入信用记录系统，解决因金融机构与中小企业之间的信息不对称而出现贷款难的问题。

第七,培育农村金融家。金融机会要靠金融家去发现,金融风险要靠金融家去规避,金融产品要靠金融家去创新,所以发展农村金融的关键是培养金融家。

二 以稳健的方式建设农村金融体系

第一,建立农民合作金融体系。发展农民合作金融是世界各国的普遍做法。农民开展信用合作既便于得到金融服务,又简化了程序和抵押物规定。建立具有法律保护的农民合作金融体系是应追求的目标,但短期内缺乏可行性。

第二,建立社区农民合作银行。社区农民合作银行是农民合作金融体系的基本单元,这是具有可行性的做法,但要防范乱集资导致的金融风险。

第三,建立农民信用互助组织。鉴于商业金融难以下沉到农村底层的实际,山东在农民合作社内开展信用互助试点。农民合作社在农信社、农业银行、邮储开户,由它们受托提供业务辅导、行为监督等服务,不设资金池,业务在合作社成员内部封闭运行,形成商业金融与合作金融的合作关系。该模式既降低了成立农村底层金融组织的难度，又消除了乱集资的风险，是更可行的做法。

第四，以中介组织为推手形成金融与农业的合作。例如由供销社、农技协负责农业技术、投入品供给和农户贷款适宜性审核，代表农民群体与商业银行签订贷款协议。商业银行按照其提供的名单向农民贷款，不再一一审核农户。这种做法的局限性是延续了农户"帮我做"的意识，不利于培养农户"我要做"的意识。

第五，成立小额信贷组织。农户能够接受高利率说明他们有高收益的项目，机构坚持高利率可以保持借贷可持续性和消除寻租行为。小额信贷靠农户互保解决单笔授额小、经营费率高等问题。不过，随着农村社会变迁和人员流动性增加，基于熟人社会的互保的适用范围会趋于缩小。

综上所述，农村金融稳健化改革的思路是积极发展农民金融互助组织，在具备条件的地方发展社区银行，暂不具条件的地方发展小额信贷组织和基于中介组织的农户与金融机构的合作。

三 建立基于互联网的农村金融体系

互联网金融与实体金融结合可以为"三农"提供更好的金融服务。第一,降低金融服务成本。互联网金融通过金融交易电子化,打破时间和空间阻隔,使交易可以随时随地进行,克服了线下金融服务必须到场办理、耗费时间长等不足,并且能节约双方的交易成本。第二,丰富金融服务产品。与线下金融相比,互联网金融可以为"三农"发展提供新的融资方式和金融产品,解决"三农"金融服务供给不足的问题。第三,功能互补和无抵押。互联网金融服务对象是小微企业和家庭生产者,与小额贷款机构、村镇银行、农信社形成了功能互补。由于有大数据和云计算做基础,互联网金融建起了比较完善的征信系统,可以提供无抵押金融服务,更能满足当前小微企业和家庭对金融服务的需要。

发展互联网金融的基本措施包括:第一,尽快制定互联网金融相关的法律法规,加强互联网金融的制度建设,减少因法规和制度缺失造成的各种摩擦成本,通过制度和法规建设促进互联网金融更快、更好地发展。第二,整合小贷公司、村镇银行和农村信用社等面向农村提供的金融服务和面向农村建立的电商平台等各种资源，在市场化基础上建立全国性、地区性面向"三农"服务的互联网金融，更好地服务"三农"发展。第三，在信贷、税收、土地使用和人才安置等政策上，向互联网金融倾斜，为互联网金融创建一个良好的发展环境。第四，鼓励互联网金融不断进行体制创新、组织创新和产品创新，使其在不断创新的基础上实现可持续发展。

参考文献

程恩江、Abdullahi D. Ahmed:《信贷需求:小额信贷覆盖率的决定因素之一——来自中国北方四县调查的证据》,《经济学》(季刊)2008年第4期。

黄祖辉、刘西川、程恩江:《贫困地区农户正规信贷市场低参与程度的经验解释》,《经济研究》2009年第4期。

黄祖辉、刘西川、程恩江:《中国农户的信贷需求:生产性抑或消费性——方法比较与实证分析》,《管理世界》2007年第3期。

刘西川、黄祖辉、程恩江:《小额信贷的目标上移:现象描述与理论解释》,《中国农村经济》2007年第8期。

曲小刚、罗剑朝:《农村资金互助社:现状、问题、影响因素和对策》,《武汉金融》2013年第5期。

孙若梅:《小额信贷与农民收入》,中国经济出版社,2005。

孙天琦:《制度竞争、制度均衡与制度的本土化创新——商洛小额信贷扶贫模式变迁研究》,《经济研究》2001年第6期。

汪三贵:《草海小额信贷案例报告》,载吴国宝著《扶贫模式研究:中国小额信贷扶贫研究》,中国经济出版社,2001。

吴国宝:《扶贫模式研究:中国小额信贷扶贫研究》,中国经济出版社,2001。

〔美〕西奥多·W.舒尔茨:《论人力资本投资》,吴珠华等译,北京经济学院出版社,1990。

熊惠平:《"穷人经济学"的信贷权解读——小额信贷"瞄而不准"的现实考量》,《商业研究》2007年第8期。

杨立:《文化壁垒、文化扩张、文化变化——论美国企业在中国的扩张和启示》,《世界经济与政治》2005年第2期。

苑鹏、彭莹莹:《农民专业合作社发展中的青年组织建设问题初探》,《农业经济与管理》2013年第4期。

A. Deaton, *The Analysis of Household Surveys: A Microeconometric Approach to Development Policy* (The John Hopkins University Press, 1997).

Amr Chowdhury, and A. Bhuiya, *Do Poverty*

Alleviation Programmes Reduce Inequities in Health? The Bangladesh Experience (Poverty Inequality & Health An International Perspective, 2001).

David Hulme, and Paul Mosley, *Finance Against Poverty* (London: Routledge, 1996).

David S. Gibbons, and Jennifer W. Meehan, "The Microcredit Summit's Challenge: Working Towards Institutional Financial Self-Sufficiency While Maintaining a Commitment to Serving the Poorest Families," *Journal of Microfinance* 1 (1999).

Gwendolyn Alexander, *Microfinance in the 21st Century: How New Lending Methodologies May Influence Who We Reach and the Impact That We Have on the Poor*, 2000.

H. A. Patrinos, and G. Psacharopoulos, "Family Size, Schooling and Child Labor in Peru: An Empirical Analysis," *Journal of Population Economics* 10 (1997).

Hans Dieter Seibel, G. Llanto, and Benjamin Quiñones, "How Values Create Value: Social Capital in Microfinance—The Case of the Philippines," *Policy Sciences* 33 (2000).

J. R. Behrman, and M. R. Rosenzweig, "Does Increasing Women's Schooling Raise the Schooling of the Next Generation?" *American Economic Review* 92 (2002).

Jorge H. Maldonado, Claudio González-Vega, and Vivianne Romero, *The Influence Of Microfinance On The Education Decisions of Rural Households: Evidence From Bolivia* (Jorge Higinio Maldonado, 2003).

L. A. Lillard, and R. J. Willis, "Intergenerational Educational Mobility: Effects of Family and State in Malaysia," *Journal of Human Resources* 29 (1994).

Marguerite Robinson, "The Microfinance Revolution: Sustainable Finance for the Poor," *General Information* 41 (2003).

Martha A. Chen, and Donald Snodgrass, *Managing Resources, Activities, and Risk in Urban India: The Impact of SEWA Bank* (Washington, D.C.: AIMS, 2001).

Mokbul Morshed Ahmad, "Distant Voices: The Views of the Field Workers of NGOs in Bangladesh on Microcredit," *Geographical Journal* 169 (2003).

R. Marcus, B. Porter, and C. Harper, *Money Matters Understanding Microfinance* (London: Save the Children,

1999).

S. R. Khandker, *Fighting Poverty with Microcredit: Experience in Bangladesh* (New York: Oxford University Press).

Susy Cheston, and Lisa Kuhn, "Empowering Women Through Microfinance," in Sam Daley-Harris, eds., *Microcredit Summit Campaign* (Kumarian: Bloomfield, CT, 2002).

T. W. Schultz, "Investment in Human Capital," *American Economic Review* 51 (1961).

后　记

我国目前贫困地区和贫困人口主要在农村，从这个意义上说，在贫困地区，做好金融扶贫与发展农村金融是一个问题的两个方面。在正规金融机构不断撤出、农村的金融供给日益下降以及金融压抑下的贫困地区资金流失严重从而导致资本积累十分匮乏的背景下，2007年，全国金融工作会议后，国务院明确把推进农村金融改革发展作为金融工作的重点。甘肃陇南徽县文池村在扶贫资金管理方式上，探索出一套自己的模式。2005年，该村被地方政府列为世行项目贷款村，同时也是徽县政府确定的"扶贫工作整村推进"与"世行项目终评验收相结合"示范村。由于取得明显成绩，2007年，文池村的探索被公认为是扶贫资金管理方式的改革与创新，称之为"文池模式"。为深入了解文池村金融扶贫的运作模式、主要做法以及实际成效，2017年，研究团队赴陇南市金融办和扶贫办进行座谈考察,并赴文池村开展实地入户访谈。

柯宓博士参与了全程实地调查工作,陇南市金融办李勤主任、文池村柏永祥书记为本研究提供了各方面的帮助,本研究得到了不少优秀学者相关研究的助益,从中受到了很大启发,还得到很多人帮助,这里一并致谢。

陈　方

2018 年 7 月

图书在版编目（CIP）数据

精准扶贫精准脱贫百村调研. 文池村卷：农村金融精准扶贫 / 陈方著. -- 北京：社会科学文献出版社，2020.10
 ISBN 978-7-5201-7507-4

Ⅰ.①精… Ⅱ.①陈… Ⅲ.①农村－扶贫－调查报告－徽县 Ⅳ.①F323.8

中国版本图书馆CIP数据核字（2020）第208997号

·精准扶贫精准脱贫百村调研丛书·
精准扶贫精准脱贫百村调研·文池村卷
——农村金融精准扶贫

著　　者 / 陈　方

出 版 人 / 谢寿光
组稿编辑 / 邓泳红
责任编辑 / 宋　静
文稿编辑 / 柯　宓

出　　版 / 社会科学文献出版社·皮书出版分社（010）59367127
　　　　　　地址：北京市北三环中路甲29号院华龙大厦　邮编：100029
　　　　　　网址：www.ssap.com.cn
发　　行 / 市场营销中心（010）59367081　59367083
印　　装 / 三河市尚艺印装有限公司

规　　格 / 开　本：787mm×1092mm　1/16
　　　　　　印　张：9.5　字　数：70千字
版　　次 / 2020年10月第1版　2020年10月第1次印刷
书　　号 / ISBN 978-7-5201-7507-4
定　　价 / 59.00元

本书如有印装质量问题，请与读者服务中心（010-59367028）联系

▲ 版权所有 翻印必究